农户分化、经济行为与差异性策略

高明 等 著

中国财经出版传媒集团

经济科学出版社
Economic Science Press

图书在版编目（CIP）数据

农户分化、经济行为与差异性策略/高明等著.——
北京：经济科学出版社，2021.11
ISBN 978 - 7 - 5218 - 3048 - 4

Ⅰ.①农…　Ⅱ.①高…　Ⅲ.①贫困区－农户－扶贫－
研究－西南地区　Ⅳ.①F127.7

中国版本图书馆 CIP 数据核字（2021）第 224236 号

责任编辑：周国强
责任校对：李　建
责任印制：张佳裕

农户分化、经济行为与差异性策略
高　明　等著
经济科学出版社出版、发行　新华书店经销
社址：北京市海淀区阜成路甲 28 号　邮编：100142
总编部电话：010 - 88191217　发行部电话：010 - 88191522
网址：www. esp. com. cn
电子邮箱：esp@ esp. com. cn
天猫网店：经济科学出版社旗舰店
网址：http://jjkxcbs. tmall. com
固安华明印业有限公司印装
710 × 1000　16 开　9.75 印张　160000 字
2021 年 11 月第 1 版　2021 年 11 月第 1 次印刷
ISBN 978 - 7 - 5218 - 3048 - 4　定价：68.00 元
（图书出现印装问题，本社负责调换。电话：010 - 88191510）
（版权所有　侵权必究　打击盗版　举报热线：010 - 88191661
QQ：2242791300　营销中心电话：010 - 88191537
电子邮箱：dbts@ esp. com. cn）

课题组组长：徐天祥

课题组成员：高　明　彭　莹　钱巨然

　　　　　　余晓琳　罗冠宇

前　言

　　在我国成功完成脱贫攻坚目标任务的背景下，相对贫困治理以及防止返贫、阻断返贫将成为一定时期内的重要任务。这要求我们把巩固脱贫攻坚成果、构建扶贫长效机制工作与国家中长期发展战略结合在一起，与乡村振兴战略结合在一起，确保实现乡村的高质量发展和可持续振兴。乌蒙山区位于云南、贵州以及四川的三省交界处，由于资源禀赋以及发展基础相对薄弱，这一地区相对贫困治理难度较大，部分农户返贫风险仍然较大，因此，这一地区有 22 个县（市）进入国家乡村振兴重点帮扶县名单。如何把乌蒙山区乡村振兴与巩固拓展脱贫攻坚任务有效结合起来，是一项具有挑战性的工作。为做好乡村振兴战略与巩固脱贫成果、构建扶贫长效机制的衔接，在做好系统的制度与政策体系设计的同时，还需要注重调动农村内部的积极性，激发农村微观经济主体的活力。在乌蒙山区的调研工作表明，这一区域农户非农就业在不断增长，兼业化经营非常普遍，在这个过程中农户群体逐渐分化成为具有不同经营目标和行为动机的微观主体。本书基于农户数据，考察了乌蒙山区农户分化的基本情况，对农业户、农业兼业户、非农兼业户、非农户等不同类型农户的要素禀赋、储蓄行为、投资行为、生产行为进行了比较研究。基于实证研究结果，我们认为应该根据不同类型农户，制定具有差异性的政策措施，结合农户发展的内在驱动力，帮助不同类型农户形成可持续的发展能力。对于那些返贫风险较大的农户，应该强调巩固扶贫攻坚的成果，帮助他们夯实发展能力。对于那些有意愿扩大规模、发展专业化优势的农业户群体，应提供生产条件帮助他们提升规模经济与专业化生产的优势。针对非农就业意愿较为强烈的农户，应该在帮助他们提升就业技能、促进收入提升的同时，通过推进这一地区城乡融合发展，逐步帮助他们稳妥地转移到城市和非农部门。

目　　录

第一章

导　言

第一节　研究意义

一、区域背景

　　乌蒙山区位于云南、贵州以及四川的三省交界处，呈东北—西南走向，平均海拔2400米。乌蒙山区的地质结构属于典型的喀斯特地貌，又称"岩溶地貌"。其特点是稳定性差、渗水性强，因此水源点稀少。由于每年下半年到第二天春天是乌蒙山区的旱季，持续干旱无雨，土壤在暴晒和干旱条件下，风化情况较为严重。而受中亚热带季风气候影响，5~9月期间，当雨季降水量猛增时，非常容易遭受暴雨侵蚀，而导致山洪或者泥石流。乌蒙山区海拔高，地势复杂，区内山地和丘陵面积较多，土地多受江河及其支流切割，地形破碎，坡地和梯田较多。这一地区耕地条件低下，土地贫瘠，农业产出较低。

乌蒙山区是国务院扶贫办于2012年6月在全国划分的11个集中连片特殊困难地区之一，涵盖了38个县，其中有云南省15个县，四川省13个县，贵州省10个县，具体包括：

云南省：昆明市的禄劝彝族苗族自治县、寻甸回族彝族自治县，曲靖市的会泽县、宣威市，昭通市的昭阳区、鲁甸县、巧家县、盐津县、大关县、永善县、绥江县、镇雄县、彝良县、威信县，楚雄彝族自治州的武定县。

四川省：泸州市的叙永县、古蔺县，乐山市的沐川县、马边彝族自治县，宜宾市的屏山县，凉山彝族自治州的普格县、布拖县、金阳县、昭觉县、喜德县、越西县、美姑县、雷波县。

贵州省：遵义市的桐梓县、习水县、赤水市，毕节地区的毕节市、大方县、黔西县、织金县、纳雍县、威宁彝族回族苗族自治县、赫章县。

经过长期的艰苦努力，我国在2020年年底如期完成了新时代脱贫攻坚目标任务，832个贫困县全部摘帽，区域性整体贫困得到解决，完成了消除绝对贫困的伟大任务。在取得消除绝对贫困的历史性成就之后，相对贫困治理成为我们国家在迈向共同富裕新阶段的重要工作。相较于绝对贫困，相对贫困更多地与收入分配问题联系在一起，涉及的因素更为复杂，具有多维性、多元性和长期性等特征，在瞄准和治理上需要更为精细的工作。消除绝对贫困之后，集中连片的区域性贫困分布转变为散点分布，相对贫困取代绝对贫困成为贫困研究与关注的重点问题，减少相对贫困线以下人口总量和占比成为未来一定时期内减贫政策的主要目标。在新的条件下，党和政府作出了"乡村振兴"的重大战略部署，并就乡村振兴战略的目标任务提出了具体要求：到2020年，乡村振兴取得重要进展，制度框架和政策体系基本形成；到2035年，乡村振兴取得决定性进展，农业乡村现代化基本实现。到2050年，乡村全面振兴，"农业强、乡村美、农民富"全面实现。

在农村贫困状况发生重大改观的同时，仍然应该看到，相对贫困问题将长期存在，而且，各种原因导致的返贫也是扶贫研究和实践中的难题。如果不能妥善处理好相对贫困和返贫问题，将会影响到乡村振兴战略的实施及其成效。2019年8月16日习近平总书记在《求是》杂志发表的《在解决"两不愁三保障"突出问题座谈会上的讲话》就对"后 2020"时期"稳定脱贫长效机制"作出战略部署，要求稳定脱贫和防止返贫长效机制应着力四个方面：第一，对脱贫攻坚政策和驻村工作队应设立过渡期，不应"断崖式"退出；第二，扶贫的目标群体应精准识别和精准定位，聚焦在两个群体；第三，社会保障制度作为国际惯例应成为扶贫长效机制的基础性制度；第四，整合社会保障碎片化，集中资源，确保扶贫政策在公共财政的制度化轨道上运行。贫困问题具有历史性与艰巨性，一些贫困户脱贫后又返贫的现象难以杜绝，防止返贫、阻断返贫在一定时间内仍将是我国贫困治理中亟须关注的难题，这就要求在新的条件下积极探索阻断返贫监测机制、响应帮扶机制和动态回溯机制，构建阻断返贫的长效机制，从而有效防止返贫，巩固好脱贫攻坚成果。同时，需要把阻断返贫工作与国家短、中、长期发展战略结合在一起，与乡村振兴战略结合在一起，在巩固脱贫攻坚成果的同时，确保实现乡村的高质量发展和可持续振兴。因此，在一定时期内，应该继续把扶贫工作看作是乡村振兴战略的重要基础和重要内容，做好巩固脱贫成果的工作。这项工作要求一方面进一步夯实脱贫基础，使得贫困户脱贫之后，形成持续发展的动力与能力；另一方面，当出现返贫、新致贫隐患的情况时，要能够能及时启动相关机制有效解决问题，遏制贫困的再生与复发。为了有效巩固提升脱贫攻坚成效，构建防止返贫的长效机制，在实施乡村振兴战略的过程中，要妥善进行制度与政策设计，持续推进全面脱贫和乡村振兴有效衔接，形成长效的扶贫机制。

根据中共十九届五中全会精神、中央农村工作会议精神和《中共中央、国务院关于实现巩固拓展脱贫攻坚成果同乡村振兴有效衔接的意见》安排部署，综合考虑脱贫摘帽时序、返贫风险等因素，中央农办、国家乡村振兴局在 2021 年 8 月公布了国家乡村振兴重点帮扶县名单。在全国 160 个重点帮扶县中，乌蒙山区有 22 个县（市），这表明这一地区乡村振兴与巩固拓展脱贫攻坚任务的艰巨性。这 22 个国家乡村振兴重点帮扶县（市）具体包括：

四川省：普格县、布拖县、金阳县、昭觉县、喜德县、越西县、美姑县、雷波县。

贵州省：织金县、纳雍县、威宁彝族回族苗族自治县、赫章县。

云南省：会泽县、宣威市、昭阳区、鲁甸县、巧家县、盐津县、大关县、永善县、镇雄县、彝良县。

二、乡村振兴、扶贫长效机制构建与农户行为

2021 年中央一号文件提出"民族要复兴，乡村必振兴"，把乡村振兴的重要性提升到了前所未有的高度。乡村振兴战略提出了"产业兴旺、生态宜居、乡风文明、治理有效、生活富裕"的总要求，加快推进乡村治理体系和治理能力现代化，加快推进农业农村现代化，走中国特色社会主义乡村振兴道路。乡村振兴战略的总体政策框架被归纳为"一个目标、三个体系、五项任务、七条道路"。一个目标即生活富裕。三个体系即制度体系、政策体系和支持体系。制度体系包括三层含义：一是基本制度，即土地制度；二是运行制度，包括户籍制度、乡村治理制度、基本经营制度、集体经济制度等；三是运行机制，包括土地承包经营制度等。作为实施乡村振兴战略的行动指南，政策体系包括产业发展政策、生态保护政策、文化建设政策等。支持体系则为实施乡村振兴战略提供环境保障，一方面，扶贫攻坚战略的实施，为乡村振兴提供了物质资本、人力资本等方面的资本准备，消减了因贫穷和资本存量不足导致的发展停滞；另一方面，一系列的专项治理为乡村振兴提供了风清气正的政治环境和公平公正、透明开放的市场环境。五项任务即乡村产业振兴、乡村人才振兴、乡村文化振兴、乡村生态振兴、乡村组织振兴。七条道路即城乡融合发展之路、共同富裕之路、质量兴农之路、乡村绿色发展之路、乡村文化兴盛之路、乡村善治之路、中国特色减贫之路。

可以看到，首先，乡村振兴战略从顶层设计的层面，给出了一个系统的制度与政策体系，来推进农业农村的现代化进程。其次，在乡村振兴的具体工作中，需要集中各方面的资源，与农村具有的生产条件和资源禀赋形成有效配合，构建富有效率的产业发展体系与治理机制。最后，乡村振兴战略注重调动农村内部的积极性，一方面，注重构建小农户利益保证机制，创新小农户与现代农业及乡村产业发展有机衔接路径和办法，发展多样化的联合和合作，提高小农户组织化程度；另一方面，在乡村振兴工作中，要求做好培

育农村新型经营主体的工作，抓好农民合作社与家庭农场等农业经营主体的发展，夯实乡村振兴的微观基础。

按照党中央和国务院的研判和要求，一些返贫风险较大的地区，需要做好巩固拓展脱贫攻坚成果同乡村振兴有效衔接的工作。根据公布的国家乡村振兴重点帮扶县名单来看，虽然已经顺利完成脱贫攻坚的战略任务，但是，乌蒙山区大部分县市仍然面临发展水平低、返贫风险大、解决相对贫困任务重等种种困难局面，巩固脱贫攻坚成果的任务依然艰巨。回顾改革开放以来我国农村反贫困进程，可以看到扶贫政策与模式不断演化，目标瞄准机制也不断进行调整。在扶贫实践工作中，首先需要确定扶贫的瞄准对象，其次结合贫困地区和贫困人口的资源水平和需求状况，制定出具有针对性的扶贫政策。目标瞄准机制是中国农村扶贫政策和实践的基础与核心问题，关注的是确定扶贫工作中的实施对象并由此而决定扶贫资源的分配，具体包含两个层次的内容：第一，确定享受扶贫资源的贫困人口范围及规模；第二，根据所划分的不同类型的贫困人口，发放不同程度及方式的扶贫资源。改革开放以来，我国扶贫目标瞄准机制演化可以分为四个阶段来加以考察。

第一阶段（1978～1985年）：中央政府通过体制改革来减少农村贫困现象的做法，从范围上看，是面向整个农村地区，从性质上看，经济体制改革并不能看作专门的扶贫政策。这一阶段实际上并没有明确的瞄准目标机制，因而被叫作"间接瞄准"阶段。

第二阶段（1986～1993年）：在大规模开发式的扶贫阶段中，中央政府成立了专门的扶贫机构，确认了扶贫瞄准对象，并第一次确定了258个国家级贫困县，开始实行区域式目标瞄准扶贫机制。为了平衡各省贫困县的数量，在不同省份和地区划分了不同的标准。比如在江苏省人均收入小于400元以下属于贫困县，而在云南省人均收入低于120元以下的才被划为贫困县。这种以贫困县为瞄准对象的区域瞄准扶贫机制，促进了贫困地区的经济增长，尤其是推动当地政府财政收入的短期增长。但由于划分标准的平均化，部分经济较为发达的地区的县域也被冠以"贫困县"的名称，从而获得大量政府拨款、减免息信贷资金，使得其他一些贫困地区从扶贫目标中被"挤出"。这种瞄准目标的偏离和资金的漏出，大大降低了扶贫效果。

第三阶段（1994～2000年）：进入扶贫攻坚阶段后，我国政府重新设定了国家级贫困县的划分标准。具体做法是将农民人均纯收入低于400元的县域划为国家级贫困县，全国共计592个。政策也逐步向中西部生活条件恶劣、贫困人口较为集中的地区倾斜，如西南的石山区、西北黄土高原区等18个集中连片困难地区。相比之下，这一阶段明显加强了区域瞄准的力度和精准度，并开始集合人口瞄准的方式。

第四阶段（2001～2013年）：2001年我国制定并实施了《中国农村扶贫开发纲要（2001—2010年）》，再次确认了592个国家级贫困县。从扶贫对象和目标上，将更多低收入的农户纳入扶贫范围，尤其是对于老弱病残的特困群体，加大了社会保障和救助的力度；并将瞄准目标从县域具体到贫困村和贫困户，全国范围内划分了15万个贫困村。2011～2020年的新纲要进一步提高扶贫标准和扶贫力度，继续按照集中连片原则，将中西部11个地区作为扶贫开发的重点区域。将区域瞄准和群体瞄准相结合，在巩固温饱的基础上，提高贫困人员自身的发展能力。

第五阶段：精准扶贫阶段（2014～2020年）。由于扶贫工作中长期存在针对性不强、扶贫资金和项目指向不准等问题，2015年11月23日审议通过《关于打赢脱贫攻坚战的决定》，指出把精准扶贫、精准脱贫作为扶贫开发工作基本方略，要求实事求是，因地制宜，实施精准扶贫。实施精准扶贫，要求转变和调整扶贫思路，在扶贫工作中，应在识别贫困对象的基础上，将扶贫资源准确瞄准扶贫对象，根据致贫原因因户施策，扶到真正的贫困户，使真正的贫困户受益于扶贫工作。

从扶贫目标瞄准机制调整的过程来看，中国扶贫经历了从贫困县为扶贫单元的区域瞄准、贫困村为扶贫单元的村级瞄准以及以农户家庭为目标的精准扶贫阶段。在精准扶贫阶段，通过对贫困农户的精准识别、帮扶、管理和考核等，形成了建档立卡的重要工作机制，在提高瞄准精度的同时，极大地提高了扶贫工作的效率。

当前的乡村振兴一方面从制度与政策体系上进行了系统的顶层构建，另一方面也在微观层面上关注农户、家庭农场、合作社等微观经营主体的发展。

在乡村振兴工作中，仍然有一些地区面临着返贫风险较大的问题。对于这样一些地区来说，有必要总结扶贫工作的经验，借鉴扶贫目标瞄准机制调整过程中取得的成绩，研究农户微观经济行为，并且在乡村振兴工作中，根据农户的资源禀赋与发展需求，设计具有针对性的政策，帮助农户这个微观经济主体提高效率，形成可持续的发展能力。

三、农户分化与分类策略

随着农户自主经营和市场机制的逐步确立，受到经济理性的支配，农户家庭中的部分成员逐步转移到城市与工业部门。随着农村家庭成员脱离土地转移到其他领域，农户的行为特征发生了改变，原来同一化的农户群体也发生了分化。在既有的资源与制度条件下，我国农户分化有一个基本的特征：分化的主体是个人，而不是家庭，因此家庭中不同成员可能由于职业类型和工作内容不同而从事不同职业，分属于不同的社会阶层，这样，在农村家庭内部形成了一种强制性分工，影响农户的劳动力配置和经营收入水平。

同我国渐进式市场化改革相比，改革开放初期农民分化相当迅速。随着20世纪80年代乡镇企业大发展，农村剩余劳动力非农化职业分化进展迅速。进入90年代以后，农民分化对农村社会经济结构产生的影响更为深远。在那些成功实现社会转型的国家，伴随着工业化与城市化的进程，农村劳动力转移进入工业和城市部门转变成为工人身份，而中国农民的分化却是源于改革之后自主经营规则的确立和限制农民流动政策的逐步放松，因此中国农民的分化表现出了渐进、多元的特征，这使得中国农民分化尚带有明显的不彻底性和"弹性"。那些从乡村集体和家庭经营中转移出来的农民，仍然拥有一份土地和集体生产资料的产权，他们大多保留着一份承包田，户籍仍然在农村，不能够获得和城市居民同等的社会福利和公共服务，成为介于村民与市民之间的特殊阶层——"城市农民工"。由于非农职业地位的不稳定与易变性，土地为转移出来的农民增加了保险系数。一旦非农就业出现风险，土地可以提供最为基本的社会保障，他们可以迅速退回到土地上去。即使在正常年份，由于家庭经营规模有限，农业生产要么交由留在家庭中的其他成员经营，要么利用生产时间与劳动时间不一致的特点，非农就业者可以在农忙季节回家帮助抢收抢种。于是，我们看到，在大多数情况下，那些发生就业转移的农户大多仍然保持着自己的农民身份和土地经营权，形成了较为普遍的兼业现象。

广泛的非农兼业行为导致农户收入结构发生了变化。按照收入结构的差异，农户从经营层面被划分为农业户、农业兼业户、非农兼业户、非农户等不同类型。一方面，从家庭内部考察，农户分化在家庭内部成员之间形成分工；另一方面，农户分化现象出现之后，农户生产、生活模式发生了变化，不同类型农户具有不同的要素特征和生产、生活方式，具有不同的经营目标和要素配置模式。

针对乌蒙山区的实证研究表明，在土地资源稀缺、资金和技术供给不足等要素条件的制约下，农户要从小规模的农业生产中获取足够多的收入来改善自身的生活条件，基本是不现实的，因此这一区域农民非农就业在不断增长，兼业化经营非常普遍。作为具有多样目标函数的行为主体，农户的发展需求是多维度的。作为目标多元的行为者，农户需要在家庭基本需求、收入增长和能力发展等不同目标之间进行权衡。随着经济、社会体制改革的进一步推进，城镇化战略在逐步转型，农民工市民化问题受到越来越多的关注，可以预见中国农民分化的特征和过程有可能发生转变。新时期应在尊重农民分化现实的基础上，以制度变革积极引导农民分化，进行制度创新改变城乡二元结构，加快城镇化进程，深化户籍制度改革，通过统筹城乡经济社会一体化发展，建立城乡一体化的公共服务体系。面对农村社会农户分化的现状，我们有必要在乡村振兴过程中关注农户微观行为，根据不同区域的资源禀赋与社会经济条件，探索如何根据不同类型农户的发展需求，制定适宜的政策措施，帮助农户提升经营能力和收入水平，提高农户的可持续发展能力。

第二节 相关概念与理论

一、农户

（一）农户

农户概念具有多重的含义：第一，按照从业划分，农户的职业主要从事农业；第二，按居住区位划分，农户是居住在农区的住户。关于农户的定义，《辞海》给出的释义是，农户就是"务农的人家"，这个定义给出了农户的两个基本含义，一是从事农业生产，二是具有家庭功能。一般而言，农户是以婚姻和血缘关系为基础，农户们共同支配资源、共同进行收支预算，通过不同劳动力进行内部劳动分工而形成的一种社会、经济组织形式。"农户"作为经济单位、统计主体，是消费、投资、生产等经济活动的行为主体，是农户中劳动人口行为的统一体现，既是个体，又是群体行为的统一。

随着改革开放之后，农户成为具有独立经济组织行为能力的主体，在农业中合理配置资源及劳动力的同时，会将多余的资源及劳动力配置到非农业方面，农户中的劳动力部分或者可能全部参与到非农业上面，但并非完全离开农业，农户的异质化在加深。在此种情况之下，定义农户产生了较大困难。孔智祥等（2014）认为，农户中可以有成员不从事农业生产经营，但是所有成员必须是农村居民（具有农村户口或居住登记证为农村的人员），那些不从事农业生产经营的农村居民也纳入农户的范畴。

（二）农户行为基本理论

农户是农村生产、生活和交易的最基本的单位和组织。对农户经济行为的研究，国内外的学者做出了大量的贡献，其中主要有以下几种经典理论：恰亚诺夫的组织生产理论、舒尔茨的理性小农理论、黄宗智的过密化小农理论、斯科特的道义小农理论、贝克尔的新家庭经济理论和张五常的佃农理论。

1. 恰亚诺夫的组织生产理论

恰亚诺夫在《农民经济组织》中认为,农户的生产经营与资本主义制度下的企业不同,二者在经营目标、收益核算等方面存在很大的差异,因此小农经济的研究不能等同于企业的研究。从经营目标看,农户并不是以追求利润最大化为经营目标,而是以最大限度地满足家庭需要为主,因此在生计的压力下,即使在面临亏本的情况下农户仍然会选择继续生产经营。恰亚诺夫提出了农户家庭经营的劳动和消费之间会达到均衡的状况,并解释了农户决定生产的投入实际上是取决于农户心理上的一种衡量,当作为生产者付出的辛劳感和作为消费者获得的满足感均衡时,农户才会停止投入。否则即使亏损,农户仍然会增加劳动投入。

2. 舒尔茨的理性小农理论

舒尔茨在《改造传统农业》中指出小农并非像人们认为的那样懒惰、盲目,相反小农是在传统农业中十分有进取精神而且能够对资源合理运用的人。舒尔茨认为传统农业是指完全以农民世代使用的生产要素为基础,维持简单再生产的经济形式。虽然在这种条件下,农户的产出和收入水平很低,但资源配置的效率却是很高的。他把小农看成是一种生意人,就像是资本主义制度中的企业或公司,其目标是追求利润最大化,因此他主张用经济学中分析企业和公司的原理来解释农户的经济行为。波普金(Popkin,1979)进一步阐释了舒尔茨的理论,认为小农是一种在权衡长、短期利益之后,为追求利益最大化而做出合理生产抉择的人,因而是"理性的小农"。

3. 黄宗智的过密化小农理论

黄宗智在《华北的小农经济与社会变迁》中通过对我国明清以来长江三角洲和华北地区的社会经济历史的研究,描述了农户在边际收益非常低的情况仍会继续投入生产经营的状况。他认为形成该现象的主要原因是耕地面积的制约和农村人口增加。通过长江三角洲和华北地区的调查显示,中国的农业仍处于一种没有发展的增长中，而解决这种陷阱，只有通过乡村工业化，促进农村劳动力向工业部门转移，才能缓解这种状况，并且实现农村经济实质性的增长。

4. 斯科特的道义小农理论

斯科特（Scot，2001）通过对缅甸、爪哇等东南亚地区农民行为的研究，发现在当地小农生产的中心目标就是满足家庭和生计需求，因此安全第一、生计第一是他们追求的首选目标，因此也被叫作道义小农。斯科特的道义小农理论可以追溯到恰亚诺夫关于小农不同于资本主义企业的思想，他认为对于农户经济行为选择和价值判断标准，生存生计的需求应该是最基本的，大大超过了对利润的追求。因此小农的生产行为是以回避风险、安全第一作为准则。农户会选择一种传统但可靠的生产方式和技术，哪怕这样的方式只会带来较低的产出和收入。这点和舒尔茨以及波普金理性小农理论有着本质的区别，也被叫作农户风险回避理论。该理论解释了许多传统农业中农户的"非理性"，为研究农户行为提供了另一个视角。

5. 贝克尔的新家庭经济理论

以 1976 年贝克尔出版的《人类行为经济分析》一书为标志，经济学理论已经正式跨入人类行为研究。贝克尔用经济学原理去分析人类的行为和社会的问题，代表着广义经济学阶段的产生。贝克尔（Becker，1976）指出传统的家庭理论都是解释单个人组成的家庭，而他创立的新家庭经济理论，不仅是由多个人组成，而且还有独立的效用函数。经济学家开始考察家庭在社会中的重要作用。他的理论隐含着家庭是人们具有稳定的偏好、追求效用最大化的目标以及市场均衡等假定。因此该理论可以被用来解释和分析发达国家和地区的农户家庭行为，包括人口的增长、家庭内部的分工和消费行为等，但对于不完善市场条件下的农户行为研究并不完全适用。

6. 张五常的佃农理论

张五常的佃农理论用新制度经济学解释了分成租佃制，建立了新佃农理论。他认为佃农的经济决策行为不同于以往研究的一般农户决策行为。农户的决策不仅仅是单个农户的行为，而和农户之间的决策联系紧密。通过对这种关联的研究，可以从某个阶层、某个社区或者某个村庄来研究农户的行为，而不仅仅是单个农户的行为。佃农理论认为，土地的资源使用效率无论是在分租、自耕等哪种方式下都是一样的，所以如果产权不清晰，或者政府对土地资源配置进行过度干预，反而会导致土地的效率降低，因此应该允许土地的转让。

表 1.1 比较了四种经典的农户行为理论。

表 1.1 　　　　　　　　　　**经典农户行为理论的比较**

理论名称	代表人物	经营目的	市场假设	结论
组织生产理论	恰亚诺夫	效用最大化	存在竞争性的商品市场和缺乏竞争力的劳动力市场	组建农民合作组织；对农民进行教育
理性小农理论	舒尔茨	收益最大化	竞争市场	增加新要素；新技术；加大教育投入；信贷计划
道义小农理论	斯科特	效用最大化	自然风险；社会风险；价格不确定	改善灌溉条件；价格稳定；保险、信贷
佃农理论	张五常	收益最大化	锁定的要素市场	土地改革；佃农投入补贴；佃农信贷

上述农户行为理论的出发点和具体内容存在差异，但不管农户是追求基本的生计和生存，还是遵循回避风险准则，抑或是追求利润的最大化，农户行为的目的都是追求一定条件下的效用最大化，只是不同的市场条件、不同的人口状况和经济发展阶段会产生不同的体现形式。在传统农业社会中，农户效用最大化体现为对基本生活需求上的满足，从而回避风险；在非完善市场条件下，市场化程度的不同，可能体现为部分农户追求家庭基本需求的满足，而部分转化为追求收益最大化；在完善的市场条件下，农户目的则可能转变为追求利润最大化。

（三）关于农户行为的研究综述

张林秀（1996）在农户理论的基础上，运用模型方法分析了不同地区的农民在不同政策条件下的生产行为以及农户行为对政策实施效果的影响。庚德昌、程春庭（1996）从收入、投入和消费三个方面对农户的经济行为进行了量化分析。熊吉峰（2005）运用最小二乘法，分析了影响农户经济行为的几个重要因素，并指出农户收入、农户受教育程度、城镇化率、工业化程度对农户经济行为作用最为明显。李明桥（2012）研究表明变化的农户行为能够影响到农村区域经济的整体表现。彭小辉（2014）考察了宏观农业政策对农户微观行为的直接影响。温涛等（2015）的研究表明农户参与合作经济组织的行为能促进农业分工、专业化发展，进而提升农户效用水平。赵建英（2019）通过实证研究发现，农户行为具有很强的"迟滞性"、较强的"内在一致性"和风险偏好中性的特征。

在针对贫困地区的农户行为方面也有不少学者做出研究。绒巴扎西（1996）对云南省藏族聚居区的农户经济行为进行了初步分析，并得到农户经济行为是理性的结论。马顺福（1997）在实地调查的基础上对贫困农户的若干经济行为进行了实证分析。郑宝华（1997）、狄瑞珍等（2000）研究表明风险和不确定性以及政府的政策影响贫困农户的行为。徐天祥等（2012）考察了贫困地区农户生产行为及其影响因素，指出了扶贫政策设计过程中应该注意的问题。关于反贫困策略对农户微观行为的影响，目前只存在较为少量的研究。从人力资本投资视角，庄天慧、牛廷立和张卓颖（2010），对"农村义务教育两免一补政策"的人力资本投资反贫困策略如何影响农户的行为进行了分析。从政府补贴视角，鲁礼新、周杉和刘文升（2005）对农业补贴对农户行为的影响做了研究，指出政府补贴的作用表现为：各种补贴在一定程度上提高了农户的收入，并对农户生产行为产生影响。张建杰（2005）通过对山西农村进行调研，发现能够获得小额信贷的农户，其家庭经营性收入明显超过无银行贷款的农户。

在具体的农户经济行为研究上，屈艳芳（2002），陈铭恩、温思美（2004）等对农户一般性投资行为进行了分析；刘承芳（2002）、韩书成

（2005）、张衔（2005）还分别对农户的生产性投资、土地投入、人力资本投资等不同行为进行了深入的研究。对于农户的储蓄、借贷行为，颇志杰等（2004）分析了中国农户信贷特征及其影响因素；栾香录等（2004）分析了农户的民间借贷行为及演变过程和趋势；史清华等（2005）以湖北监利县178户农户家庭调查为例对农户借贷储蓄行为进行实证分析；杭斌等（2005）则对中国农户预防性储蓄行为进行实证研究。邓正华（2013）通过理论分析和实证研究，表明农户行为是环境友好型农业技术扩散的微观基础，对农户参与环境友好型技术扩散行为进行了研究。宋辉、钟涨宝（2013）通过实证研究表明农户经济收入行为与农地的转入及转出有着密切的关系。段伟等（2015）研究表明农户的经济行为依赖于农户的自然资源利用方式。梁流涛等（2016）研究表明农户行为通过农户农业生产投入行为、生计方式、种植结构和规模等，对农业环境的变化产生影响。刘新元（2018）的研究表明了农户行为对推动循环农业健康有序发展有着重要作用。周静等（2019）研究表明农户行为与农业补贴有关，提高农业补贴力度，能够推动农业生产增产。一些学者还针对我国农户的消费行为、技术行为、学习行为、组织行为、迁移行为，甚至用水行为等进行了具体的研究工作。

二、农户兼业

（一）农户兼业的定义

农户兼业是指农户为追求家庭效用最大化，将部分劳动力投入到工业或服务业等非农部门，从而既从事农业生产又从事非农生产的现象。从事农业劳动生产的同时将一定的资源禀赋投入到非农产业中的农户则为兼业农户，与之相对应的是专业农户。区分农户是否为兼业农户或者专业农户有两个角度：非农收入占总收入的比重、非农业劳动力占总劳动投入的比重。此外，该统计口径在不同国家和地区，非农业收入及非农业劳动力投入指标所涉及的人员有的只包括农户中的所有劳动力，有的只包括农户主及其妻子，有的只考虑户主。

（二）相关理论与研究动态

1. 农户兼业的相关理论

一些经济学家从宏观视角考察了经济转型与结构变化的过程中的农户兼业现象。刘易斯（Lewis，1954）认为城市工业部门能以现行的工资水平获得"劳动力无限供给"，即获得任何所需的劳动力数量。发展中国家土地资源有限，资本投入缺乏，而农村人口增长率过高，这也就是发展中国家农村存在大量剩余劳动力的原因所在，最终结果，二元经济结构变为一元经济结构，农业和工业部门向着工业化和城市化迈进，进一步推动农户分化。费景汉和拉尼斯（Fei and Ranis，1961）以二元经济结构为基础，综合考虑农业生产率、农业在促进工业增长中的作用，据此提出工业农业平衡增长的重要性及农业劳动生产率提高决定劳动力转移等观点，但这一观点仍有局限性，认为经济的发展完全取决于农业剩余劳动力向工业部门转移的多少。托达罗（To-daro，1970）构建了托达罗模型，利用模型进行研究，发现发展中国家城市普遍存在的失业问题是由人口流动导致的，农村剩余劳动力的严重不足制约了农业发展，如何控制农村劳动力向城市迁移才是解决失业问题的出路。另外一些经济学家从微观视角进行分析，构建分析框架。贝克尔（Becker，1980）基于微观经济学的投入产出方法，将劳动力迁移理论和人力资本理论结合起来，把个人和家庭的教育水平、健康状况、迁移等行为纳入研究范围，借助具有开创性的研究方法，对人力资本投资的经济决策和成本效用进行探讨，这一举措被看作是人力资本投资改革的起点。斯塔克和布鲁姆（Stark and Bloom，1985）认为家庭非独立个体，是劳动力迁移决策的基本单位。家庭决策受到周围社会环境的影响，将风险最小化作为决策目标，由此提出新劳动力迁移理论。

2. 关于农户兼业的形成原因

舒尔茨（Schultz，1966）提倡在合理有效配置资源的条件下，农户可以在自己独立的筹划领域内将生产活动安排得很有效率，他们在完成季节性的农业生产以后，可以从事非农业活动。当农户充分利用相关生产要素之后，生产要素的改善也能提高农业生产水平，这样农户从事非农业的时间更多，农户的兼业行为也有了保障。美国学者巴特利特（Bartlett，1990）在对乔治亚州的农户进行抽样调查后认为，影响农户职业决策的经济因素包括：土地、资本、非农就业机会等；非经济因素包括：期望、工作环境、态度等。这种观点有力地辩驳了兼业仅是源于经济困难这一看法。恰亚诺夫（Chayanov，1996）认为，在传统农村社会，人口因素才是造成农户分化的主要原因，而非市场和土地因素。农户分化的周期性来源于劳动人口与消费人口的比，农户据此调整农场的经济活动。步入20世纪，苏迪普塔（Sudipta，2001）则在其著作中指出，恰亚诺夫（Chayanov）关于农户分化的人口因素说法需要更正，认为20世纪后期，经济因素成为农户分化的主导因素，主要是由于这一阶段，亚洲和东欧一些国家施行"土地均分"的农业改革。

3. 关于兼业的影响因素等方面

日本的七户长生（1994）认为由于土地资源禀赋固定而人口剧增，人多地少的矛盾无法解决，这就促使农业劳动力分流到非农业产业。罗杰斯（Rodgers，1994）通过对美国贫困农户的实证研究，认为农业劳动力的转移中人力资本起着关键作用，并且农业的不发达和产业间不平等造成了农村劳动力向城市转移。罗泽尔（Rozelle，1999）通过对中国200个村的实证调查研究得出，农村中受教育程度较高的年轻人更愿意脱离农村外出务工，学习非农业技能。斯托曼（Stallmann，1995）通过实证研究分析了农村劳动力参与兼业性转移的可能性，认为接受教育的程度与农村劳动力转移有正相关的关系，接受的教育程度越高，劳动力转移到非农业的越多，但农业专业的职业培训并不受此影响，反而接受农业专业培训越多，越不会发生农业劳动力转移。罗伯特（Roberts，2001）利用上海的调查资料证实，接受过初中以上文化程度的劳动力更愿意离开农村进入城市工作。伍德（Wood，2000）通过对英国农户的实证研究，认为信息的获取程度影响农户的兼业行为，农户对于非农产业信息的获得程度越高，农户越容易产生兼业行为，而非农信息的不通畅则会阻碍农业兼业，并且劳动力兼业与劳动力的年龄负相关，与当期资产负债的流动率正相关。

4. 关于农户兼业产生的影响

布鲁姆（Bollman，1982）通过对加拿大农户的调查分析，认为农户兼业可以增加农户收入，提升农户的生活水平。德国农业学家姆罗斯（Mrohs，1982）认为兼业农户在农村中占有重要地位，兼业能增加农户收入，并认为兼业农户会随着经济增长和农业机械的普及进一步增加。施瓦兹韦勒（Schwarzweller，1982）通过对澳大利亚119个样本农户的调查，认为农村劳动力的兼业性转移是未来的趋势，但是也有很多农户存在兼业的盲目性，需要政府给予重视和政策性引导。克里斯托多罗（Christodoulou，1982）通过对中国等发展中国家的研究，认为"发展中国家农村劳动力的兼业性转移并非全是农户的自主意愿，存在社会发展压力的推力，并且农业兼业转移的劳动力兼业的收入和职业并不稳定"。速水佑次郎和神门善久（2003）通过计算，认为日本农户参与兼业性转移在改变农户与非农户收入差距上的作用是显著的。卡达（Kada，1982）通过对日本农村劳动力兼业性转移的研究，认为兼业农户采取兼业性劳动力转移存在一种内生的力量，这不仅是农户的一种选择，更有其存在的必要性及其合理性，但同时也指出农业兼业劳动力转移也带来一些弊端，如土地利用率的低下、不利于农业规模化经营。

三、农户分化

（一）农户分化

分化通常指事物由"同质性"逐渐趋向"异质性"的变化过程。社会学家卢曼在"社会系统简化机制论"中指出"社会分化是在系统中复制系统，以增强掌握、选择、简化的能力"，而社会分层研究中，社会分化特指社会系统的结构由承担多种功能的某一社会地位发展为承担单一功能的多种不同社会地位的过程，具有功能专一化和地位多样化的特征。卢曼将"社会分化"，分为区隔分化（segmentary differentiation）、阶层分化（stratified differentiation）和功能分化（functional differentiation）三种基本类型。农户分化事实上属于社会分化中一种微观意义上的群体分化现象，社会分化理论为农户分化研究提供了理论指导。

农户分化是指由于农户兼业行为的存在和不断发展演化，农户逐渐分化为农业户、兼业农户和非农户的现象。刘洪仁、杨学成（2005）认为农户分化在农村劳动力迁移的过程中有所加大，农户分化主要有两个基本方向：水平分化和垂直分化。水平分化是以职业差异为主，垂直分化是以经济差异为主。职业分化是农户分化的外在形式，经济分化是农户分化的内在本质。李宪宝、高强（2013）将农户分化看作是由同质性的经营农业户向经营农工商等异质性农户转变的过程，这种分化发生在一定区域内。农业户、农业兼业户、非农兼业户共存的局面都是由于农业户向亦工亦农的兼业户转化造成的。在文献资料中，农户分化还是一个尚具争论的定义。同时农户分化与农民分化是两个关联性很强的概念。简单地说，农户分化是从家庭整体来考察，而农民分化是从个体层面来讨论。关于农民分化，董树彬等（2008）给出的概念比较简单，他认为农民分化是指农民脱离土地转移到其他领域，从而改变自己身份的过程；而刘洪仁（2006）则认为农民分化特指农民本来仅仅是承担多种功能的单一社会地位，现在却慢慢转化为承担单一功能的多种不同社会地位，农民分化作为社会分化中的特例，具有功能专一化和地位多样化两个特征，农民群体的异质性增加和农民群体结构要素间的差距拉大两种分化形式。从生产经营的角度来看，农民分化将农户划分为各种不同的经营类型。因此，可以简单地理解为，农民分化带来农户分化。

（二）相关理论与研究综述

一些经典社会科学理论涉及了农民分化问题：第一，功能主义理论。戴维斯和莫尔（Davis and Moore，1945）认为社会是不平等的，这个不平等不仅是无法避免的，而且它对于社会的正常运转还起到不可替代的作用，在社会这个大集体中，总有一些职业相对于另外一些职业来说比较重要，从事这些职业的人必须具有可维持该职位正常运转的资格，而社会为了吸引这些可从事重要职位的人，必须付出一定的给予，譬如说财富、权利、声誉等等，同样地，这些从事了相关重要职位的人也必须贡献一部分自己的力量，以维持整个社会的发展。第二，冲突论。与上文所述理论相反，冲突论认为社会的不平等表现为强大者对于弱小者的一种剥削，它是可以避免的，强大者与弱小者之间的斗争导致了社会的不平等，随着理论的完善，在某种程度上，冲突论者也承认了社会不平等是在所难免的，因为在现实生活中，各个人的能力、技术等确实存在着差异。第三，进化论。进化论相对于功能主义理论与冲突论而言，是一种折中的理论，格尔哈特·伦斯基（Gerhand E. Lenski，2008）认为对于社会分化应当辩证看待，竞争固然是不可或缺的一部分，整合同样也是重要的一部分，社会阶层的出现鼓励了那些从事重要职业的人，同时也带来了竞争与冲突，分化后的权力者会利用各种便利的条件以谋取更多的好处，冲突与不平等可能是一件好事，我们不能只是片面地看待社会阶层的分化，社会既然可以分裂出阶层分化，那么也就必定有能力来改变它。第四，阶级理论。阶级理论属于马克思主义理论的核心内容，主要可以概括为：社会的分工带来生产力的发展，劳动生产率因此得到提高，同时导致了私有制产生，也就产生了阶级，阶级的划分可能会带来社会阶层的分化，由此导致不同阶层的生活方式发生改变，各个阶层所受利益以及受教育程度均会不同。第五，社会分层理论。马斯·韦伯（Max Weber）受到马克思理论的影响，对资本主义社会的阶级进行了划分，又以经济、政治和社会三项标准对社会分层，他引进主观分析标准、运用多元标准和具体有连续性的定量标准分析问题，即三位一体分化理论，对其他分化理论影响深远。第六，精英理论。维尔弗雷多·帕累托（Vilfredo Pareto）认为社会不是同质的，有社会、经济以及政治三个因素一直在无限循环作用，他认为精英可以分为执政的与不执政的，社会中个人的升迁与沦落现象可以用精英循环来解释，这种循环的波动可以使得社会状态保持平衡，换句话说，即少数精英的轮回更替造就了历史。

近些年以来，国内学者开始关注并研究农户分化问题。周批改（2009）统计了改革开放以来对于农民分化的研究，其中包括对改革开放政策与农民分化关系研究、农民从事兼业活动与社会阶层分化关系研究、农民分化特征研究以及农民分化以后带来的社会变化方面的研究。通过对以上研究的回顾，得出了众多学者在农民分化研究方面达成的一系列共识，学者们普遍认为社会市场经济的发展必然会带来农民分化，其中职业分化是农民分化的最明显的一个标志，农民分化在促进经济与社会发展的同时也会带来许多难以解决的问题，如不能获得合理适当解决，那么农民分化对社会的作用就不再是促进而是危害，农民分化是中国社会转型的必然产物，它具有过渡性的特征。刘洪仁（2010）对国内外关于社会分化的问题作出了一个系统的梳理，对农民分化下了一个定义，列举了目前对于农民分化这个问题已有的研究成果，指出了研究过程中存在的不足之处，为以后的学者研究农民分化这个问题提供了方向，指引学者们可以在剩余劳动力的转移方面以及农村发展方面加以研究。刘庆顺、祝岩松（2009）认为农民分化会导致群体的分化，它将其中的一部分突出者称之为经济能人群体，对这些人进行了研究，他们指出国家政策对于农业方面的支持与否、经济体制改革的深入与否、社会大众对于农民态度的好坏与否、农民自身的思想观念转变与否等都是导致这些经济能人群体形成的主要原因。经济能人群体的形成具有一定的促进作用，它可以使人力资源得到更好的配置，增强社会的活力，促进农村经济的发展；同时，它还具有一定的消极作用，经济能人群体的出现会导致农村社会出现不稳定。姚万禄（2003）对现当代中国农民分化型态进行了系统的分析，研究了农民在经营方面的分化、阶层方面的分化、收入方面的分化、地区以及地位方面的分化等，最后认为要想解决农民分化的问题，必须要对过度了的分化采取调控政策，如果不采取措施，那么稍微弱势一点的群体就可能会因为失去了自我发展的能力而容易造成社会危机的产生。理论的分析也许并不能站稳脚跟，曹金波、杨成胜（2007）针对区际分化、城乡分化、群体内分化三大分化现象，深入湖南某农村实地调查，考察该村农民分化的现状，对其分化的特点进行分析并得出分化的原因，最后以该村为例对我国现行的一些政策与农民分化的关系进行探讨。魏文迪、戴迎华（2009）对湖北省仙桃市的农民进行调查，对分化情况进行了分析，实地考察研究得出家庭联产承包责任制的实施、社会主义市场经济体制的改革、农耕地减少和剩余劳动力的转移、农民期望其子女通过受教育改变命运的意愿、农民增收困难和城乡收入差距扩大化等都是影响农民分化的因素，他们认为农民的分化是多元的，会导致农民从事职业的多元化、农民受教育程度的多元化以及农村社会规范的多元化。刘洪仁、杨学成（2010）通过对山东省农民分化的现状研究，掌握了当地农民分化的具体情况，对农民分化的演进进行了预测，指出农村政策的制定应当农民为中心，要重新深入地了解农民、尊重农民、正面教育与积极引导农民，为农民考虑，要以农民为本位深入推进农村改革。张红（2005）调查了陕西省的6个村庄，对这6个村庄的数据进行分析，从实证的角度系统地考察转型时期的"城中村"农民分化及其特点，认为"城中村"农民分化是一种积极的社会发展进程，但只有实现了彻底的职业流动和社会地位的升迁，才能推动农民分化的深入发展及"城中村"的城市化进程，促进当地社会、经济的进步和发展。陈薇娜（2012）对沿海地区农户分化与城镇化互动发展进行了相关分析。李宪宝、高强（2013）研究表明改革以来农户分化呈现农业户比重下降、兼业农户及非农户比重上升的态势，应当结合农户分化特点作出针对性政策安排。

关于农户分化的原因，申潞玲（1994）从农村经济产业化发展、农村乡镇企业的带动、农户家庭经营形式的特质性、农民增加收入的内在动力、劳动力资源充足和农户土地经营规模小等6个方面研究了山西省农户分化。同时，还指出内陆地区非农收入的增加是农户分化的主要原因，非农收入的增加一方面加大了农业投资的机会成本，另一方面激励农户进行非农投资，从而导致了农户收入中农业收入的比重下降，进一步加强了农户经营非农产业的意识。农户对于农户类型选择和分化的两个主要原因包括农户经营的内在因素和农户非农业经营环境机会成本。董召荣（1996）认为农户分化原因主要有农业剩余劳动力数量增加、外出务工预期收入机会成本增加、随着劳动力增加人均土地资源减少等。申潞玲（1996）根据山西省实际调研结果分析归纳出导致农户分化的三个因素分别是：农村经济产业化发展、乡镇企业对劳动力需求的带动、农民对于增加收入期望的内在驱动。于金（2003）认为，土地规模并非衡量农户分化的关键指标，因为家庭联产承包制度对于土地的分配是根据农户中劳动力或人口的数量来进行分配，农户之间的经营规模差别不大。同时，他指出农民分化的原因在于当今社会经济体制改革以及乡镇和农村中市场经济的发展，而农户并未完全分化，或者没有完全脱离土地的原因在于土地所有制以及户籍制度的限制。张林秀（2000）等通过我国江苏省苏北地区三年的农户调查数据对农户家庭成员基本情况（性别、年龄、教育程度）在不同的经济时期（经济繁荣与萧条时期）进入或退出非农就业市场机制进行了研究，分别研究了不同经济时期，不同家庭成员基本情况的农户对于农业兼业的积极性。秦宏（2005）以制度变迁视角，将农户分化产生的原因归结为外生机制和内生机制两个部分，其中外生机制的含义是农民根据自身判断，对事物性质、演变方向、规模速度等进行合理预判的机制，而内生机制则主要是指市场机制和生产力机制，无论是外生机制还是内生机制都是影响农户分化的关键变量。刘洪仁（2006）认为从个人自然因素来看，籍贯、性别等个人自然属性均存在于特定的社会文化背景之下，与社会属性有着千丝万缕的联系，更何况农民一户一户的居住相对比较分散且都有着各自的地域性，个人本身的特质也多有不同，从而导致了农民群体的分化；从社会制度文化因素方面来看，社会的经济制度、政治制度、教育制度以及社会职业的声望均左右着农民个体社会地位的分布，由此导致农民分化；从政治经济文化等方面的发展来看，农民分化程度的高低会容易受到社会生产力发展水平的限制。陈春生（2007）指出，促进农户分化的因素主要包括：农民非农就业壁垒削弱，农户可以不用离开农村就能在一些乡镇企业工作；农业产业结构的多元化，在进行一些农产品加工生产时，难免会引入其他行业的服务；农业劳动生产率提高，由于农业机械使用和现代农业技术的提高，在固定的耕地面积下，会有劳动力的剩余，这样促使劳动力转移到其他行业。王丽娟等（2007）认为飞速发展的非农业就业环境为农村剩余劳动力转移提供出路，非农产业的发展对于劳动力的需求是农村劳动力就业结构转换的外在动力，城市与农村经济结构调整是农村就业结构转换的直接推动力，产业收入比较利益是促使农业剩余劳动力流动的根本动力，而与之相适应的人口和土地政策措施是其顺利实现的重要保障。丁慧媛（2009）指出形成农户分化的原因有很多，认为农户分化是农业内外因素共同作用的结果，她主要从以下四个方面进行阐述：农户要求利益最大化、非农产业高速发展、农村剩余劳动力、农业劳动季节性等。其中，农业劳动有很强的季节性，农业的生产活动必须按照植物的自然生长规律安排劳作，这种季节性差异使得劳动项目、数量乃至紧张程度都有所不同，农业劳动这种阶段性和季节性的特点，推动了农户分化，为农户兼业创造了可能。在我国，农村劳动力普遍过剩，随着现代科学技术的推广与运用，农村剩余劳动力持续增加。为追求自身利益最大化，农户会充分利用农业季节性的特点，在农闲时从事收益较高的非农生产，进而达到利益最大化的目标。工业化进程中，随着工业部门规模不断扩张，农村剩余劳动力自然会流向非农部门，这种转化将随着经济结构的变化持续推进。许恒周、郭中兴（2011）从农户阶层分化与产权偏好的视角剖析，研究指出农户对土地的价值认识主要取决于农户兼业类别、文化素质、家庭收入等，这种对土地依赖程度的改变进而影响农户兼业程度。王兆林、杨庆媛和张佰林（2011）把农户看作理性经济人，认为他们在作出退出决策前，会进行成本和风险的评估，只有当风险在可承受范围内，退出时的收益明显大于成本时，农户才愿意退出土地，从事非农活动，进行兼业。李宪宝、高强（2013）指出，农户分化的局面进一步加深原因有三：第一，家庭承包责任制的改革为分化奠定了基础，驱动农户探索生产要素的作用及其收益，丰富决策多样化；第二，随着农村市场的开放，农村劳动力及土地要素市场的日趋完善为农户分化行为的产生创造了条件，也进一步改善了农产品流通、农业社会化服务体系建设；第三，城镇化、工业化的发展能有效吸纳农村劳动力，这也充分促成农户向兼业户、非农户的分化。诸培新（2016）对农户兼业阶段性分化的产生原因提出了自己的看法，基于似不相关双变量 Probit 模型，指出政府干预土地市场使得一部分农户失去土地成为非农户，推动了土地的集中大规模经营，土地流转下加快了农户兼业，但与此同时带来了农村土地产权不稳定、农户利益受损，这种政府干预影响了土地市场的发展，加重了农村的社会分化。另外，农户家庭人口规模、年龄结构、青壮劳动力数量也是造成兼业阶段性分化的另一主要原因。

一些研究着重从农村土地制度视角关注农民分化问题。众所周知，农民与土地息息相关，农村劳动力的转移更是与农民分化密不可分。贺雪峰（2010）将农民分化与土地利益分配问题联系在一起，通过实证调查数据对一般农业型地区农户的类型与农地制度的类型进行分类，分别分析了村庄成员权与承包经营权错位、与土地权利分离所产生的种种问题，最后通过对理想型土地制度进行划分，对处于不同情况下的农户进行比较分析。许恒周、郭玉燕和石淑芹（2012）用结构方程模型（SEM）分析农民分化对农地流转意愿的影响效应，结果在 5% 的水平上显著，并且在农民分化特征减少 1 个单位时，农户想要流转土地的意愿就会减少 0.634 个单位。研究选取了职业分化程度以及经济分化程度、样本农户的年龄状况、受教育程度、技术应用情况、农业就业劳动力数量、养老保障中流转土地的作用等作为自变量，研究这些自变量对于因变量土地流转意愿的影响效应，结果认为对于不同阶层的农户要适应不同的土地流转政策，要采取措施引导农户，以使其职业结构向着合理化发展，从而实现城乡一体化的共同发展目标。王全峰（2009）认为农业劳动力的转移是以农民分化为发端的，实行家庭联产承包责任制、大力促进非农业的形成和发展、推进国际产业结构的升级、建立与完善农村市场经济体制等措施均能够导致农民分化的产生。农业生产结构的调整带来了农民的分化，而富余的劳动力转移，又加剧了农民的进一步分化。而秦雯（2012）将三者联系在一起，围绕农民分化、劳动力转移行为与农地流转进行分析。她认为农民具有异质性，而这个特性会增加农户的农地流转行为意愿，促进农业就业劳动力的转移，职业分化、人力资本分化及收入分化等都是影响因素，分别在不同程度上影响着劳动力想转移到非农产业的意愿以及农户间土地相互流转的意愿。但需要明确的一点是，劳动力的转移与农地流转并不是正相关的关系，剩余的劳动力发生了转移，并不就一定会导致农地发生流转，同样地，农地流转出去了，也不代表劳动力一定发生了转移，农民特征的不同，农民分化、农地流转与劳动力转移的内涵也会不相同。王丽双等（2014）对农户分化与农村土地流转的关系进行了实证分析，研究表明不同分化类型农户的土地流转行为存在差异。刘同山、牛立腾（2014）研究表明农户分化产生的异质性农户对土地有不同的依赖程度、价值认知和产权偏好，也就具有不同的土地退出意愿。聂建亮、钟涨宝（2014）研究了农户分化程度对农地流转的影响。文长存等（2017）分析了农户分化对农户农地转入决策及农地转入规模的影响。李荣耀、叶兴庆（2019）研究表明农户分化并未促进土地承包权的退出，反而抑制了农户的土地承包权退出意愿。顾丽华等（2020）在河北省辛集市开展研究，实证研究了农户分化对农户农地经营行为的影响。张广财等（2020）研究了农户分化对农户农地承包权退出决策的影响及作用机制。

　　关于农户分化的影响，修孟源（2012）认为兼业化程度低的农户为了提高作物产量，促进增收，更愿意使用科学技术，对农业技术表现出更大的兴趣和热情，与之相对比，兼业程度高的农户则表现出对农业技术更少的需求，这说明兼业化程度和技术需求呈反比例关系，这种兼业化程度的提高，在一定层次上会阻碍农业技术的发展。他的这一实证分析是基于前阳镇的调查数据，用 Logit 模型得出的结果。聂建亮（2014）运用回归模型分析中国四省的农户调查数据，结果显示农户分化程度受到农地流转行为的影响，他将农户分化水平分为农户水平分化和农户垂直分化，其中，农地转出行为对农户水平分化存在正向影响，农地转入行为对农户分化水平有负向影响，而农户垂直分化对农地转入和转出均有正向影响。农户水平分化用农户非农劳动力数量占劳动力总数的多少来衡量，农户垂直分化用农户收入高低来衡量。但从农地流转规模即农地面积上来看，却发现仅有农地转出面积对农户分化水平有正向影响，这说明农地流转规模与农地流转行为对农户分化程度的影响存在差异。

第二章

农户分化及其特征的比较分析

第一节　兼业行为与农户分化

一、农户兼业行为导致农户类型的分化

农户作为一个微观经济主体，从事农业生产的同时还从事非农业生产，这种跨部门的经营现象被称为农户的兼业化。农户的兼业行为导致了农户分化现象的产生，造就了不同经营类型的农户，即纯农业户、农业兼业户、非农兼业户及非农业户共4种类型。从生产经营的角度来看，农民分化将农户划分为各种不同的经营类型。由于农户从事非农业经营行为的存在，使得传统农业生产不再一致化，农户分化为规模不同的群体，在农户群体内部出现了更多的异质性。

农户分化作为经济、社会发展达到一定程度之后的必然现象，其形成原因是自然、社会、经济、文化、政治制度、农民自身、历史传统等多重因素复合的结果。中国自改革开放以来，城市化、市场分化、工业化不断发展进一步推动农户分化，使得原来同质农户逐渐分化，分解为纯农业户、农业兼业户、非农兼业户、非农户。这种差别在市场化背景下不断循环，最终分化为不同类型和规模的群体，也直接促使以传统单一型农业为特征的农户向多元化现代农业蜕变。

二、农户类型的划分

李秉龙（2009）在著作中提到，在德国，农业兼业划分标准有三个梯度：非农业收入占总收入的10%以下的农户称为专业农户；农业兼业户为非农业收入占总收入的10%以上，但低于总收入50%的农户；非农兼业户为非农业收入占总收入50%以上的农户。美国在1969年把每年从事非农业劳动100天以上的商业性农场主定义为兼业农场，但除了年销售额不到2500美元的农场，只要非农业劳动在100天以上者，不论农场的大小，都算是兼业农场。

日本农业经济学家今泽夏树在《农业经营学讲义》（1996年）中提到，专业农户是指农户中劳动力成员全部从事农业生产，不涉及非农业生产；兼业农户则是家庭劳动力中有一个以上的劳动力从事农业以外工作，以及只要农户的日常生产中涉及非农产业即为兼业农户，第一兼业为农业收入大于非农业收入的兼业农户；而非农业收入大于农业收入的为第二兼业农户。

一般认为，按照非农收入占总收入的比，或者是非农业劳动力占总劳动投入的比，可以对农户类型进行划分（见表2.1）。

表2.1 农户类型划分标准

标准	类型	具体划分标准
按照收入划分	纯农业户	家庭生产性总收入有95%以上来源于农业总收入
	农业兼业户	家庭生产性总收入有50%～95%来自农业总收入
	非农业兼业户	家庭生产性总收入有5%～50%来自农业总收入
	非农业户	家庭生产性总收入仅有5%以下来自农业总收入
按照劳动时间划分	纯农业户	农村家庭劳动力的绝大部分劳动时间从事农业，或者在家庭全年生产性纯收入中80%以上来自农业
	农业兼业户	农村家庭劳动力从事农业生产的时间占到劳动时间的一半以上
	非农业兼业户	农村家庭劳动力从事农业的时间占据劳动时间的一半以下
	非农业户	农村家庭劳动力的绝大部分劳动时间都是用来从事非农业生产

我国目前统计农户兼业程度所依据的方法，是根据收入口径来进行区分，依据农户家庭的非农收入占总收入的比重高低划分农户兼业类型。中国社会科学院农村发展所（2006）的分类方法是：

（1）纯农业户是指家庭收入中95%以上来自农业产业的农户。

（2）非农业户是指家庭收入中95%以上来自非农产业的农户。

（3）兼业农户又分为农业兼业户和非农兼业户（亦称"非农业兼业户"）。农业兼业户以农业为主、非农产业为辅（农业收入占总收入比例为50%～95%）；非农兼业户以非农产业为主、农业为辅（农业收入占总收入比例为5%～50%）。

第二节　农户分化与农户经济行为

一、农户分化与农户收入结构

一般认为，只要家庭收入中含非农产业成分，均视作传统农户发生分化。

现今一种典型的兼业农户是家庭中非农就业能力较强的青壮年进城务工，而非农就业能力较弱的劳动力则继续留在农村务农。我国的农户分化早在农村改革之前就已出现。改革开放以后，在市场化、城镇化、工业化的大背景下，农户分化的进程进一步加快。

早在17世纪末，佩蒂（Petty）在《政治算术》中提到，从事商业会依次比从事制造业、农业获得更多的收入，因此，劳动力会从农业向商业转移。20世纪30年代，科林·克拉克（Colin Clack）和欧文·费希尔（Irving Fisher）通过时间序列资料的分析指出投入产出效率造就分工结构，从而引起收入结构不同。英国经济学家费舍尔（A. Fisher）、美国经济学家罗斯托等通过对经济增长过程的描述，指出了劳动力在不同产业间转移的趋势。美国经济学家李维斯（Lewis，1954）提出的二元经济模型，论述了劳动力从农业部门转移到工业和城市部门的原因和进程。20世纪末期，农户收入结构问题成为经济学家热衷探讨的话题之一。库尔曼（Kooreman，1986）、贝克尔（Becker，1990）、哈顿（Hatton，1992）、格罗斯曼（Grossman，1994）、巴特曼（Bateman，1995）、马丁（Martin，1999）、威廉（William，2002）等经济学家，对农户收入结构做出了微观分析，研究了农民收入结构来源及其变动情况，指出这样一些基本的趋势：随着农业部门贸易恶化，农产品价格下降，但其生产投入成本仍然不断上升，结果是农业部门净收入下降；随着人口流动理论的应验，农村人口结构和职业结构发生较大变化；随着教育水平的提高，农民择业范围扩大；随着科技进步，农业生产效率的不断提高，农户在生产中对于劳动力的需求下降，农村劳动力流动带来农户家庭资源配置行为与收入结构相应变化；总体而言，收入的自我调节成为农户适应外部条件变化的手段之一。

随着我国农户经营主体地位的确立，农户收入结构变动趋势问题受到了较多的关注。孔祥智（1998）通过问卷和访谈形式调查了农户收入问题，其实证研究结果表明，农户经济行为目标具有多重性，随着农户经济实力增强，农户投资经营行为目标逐步由规避风险、满足生存的安全决策向偏好风险、追求发展最大化决策的转变。孙建文（2004）对山西农民收入结构进行分析后指出：一方面，经营性收入仍是农户收入的主要组成部分；另一方面，非农收入比重不断增大，尤其是工资性收入的比重逐步加大。吴学品（2007）在综合分析政府行为、农户经营行为特征的基础上，利用主成分分析方法测算了影响农户收入变化的因素。

随着市场经济不断发展，农村经济的活力不断体现出来，微观层面的农户经济变化也日趋复杂。农户收入结构的变化不单是外部市场环境的压力造成的，同样体现着农户经济的自身发育。史清华（1999）在研究农户样本后发现，农户收入不但遵循一般经济规律，并且遵循农户家庭的生命周期规律。周逸先、崔玉平（2001）分析了农户人力资本对农户收入增长的影响，认为农户的教育培训对农户收入增长影响显著。吕耀、王兆阳（2001）对中国农户收入水平及收入差距进行了实证研究之后，发现农户较高的边际消费倾向和平均消费倾向，表明农户自身具有强烈的追求收入增长的冲动。侯风云（2004）利用我国31个省区市2001年截面数据，对2000年中国农村劳动力的实际外流规模与城乡收入比例、农村经济结构、人力资本状况等影响因素的相关性进行了实证分析，认为农村劳动力的配置状况是影响农户收入及其结构的重要因素。王德文（2004）研究了农户收入问题的性质后，分析了农户收入结构，认为农户非农就业是影响农户收入的关键。顾克腾（2014）从甘肃农户收入结构及其变动程度入手，发现工资性收入作为甘肃农民收入增加的主要方面，农民经营能力不足拖累了整体收入的增长。朱汉清（2014）发现在农户的收入结构变动中，工资性收入占比呈现逐渐提高的趋势，家庭经营收入占比呈现逐渐走低的趋势。赵学军（2017）通过分析无锡农户收入的数据指出家庭经营性纯收入所占比例下降，工资性收入所占比例上升，财产性收入占比先下降后上升。孙建文（2020）对山西省农户收入结构进行对比分析，表明山西省农户收入结构优化仍有较大空间。

二、农户分化与农户经济行为

农户收入结构的变化在农户微观行为层面上反映了农户资源在不同领域中配置的趋势。由于受到资源条件的限制，我国农户大多从事小规模的农业生产，当农业劳动力的自由流动成为可能之后，农户的兼业经营现象变得非常普遍。唐忠（1994）以无锡为例，在考察农户收入结构和就业结构特征的基础上，分析了农户兼业的状况，发现农户接近 3/4 的收入来自兼业化所得。韦革（1998）比较了 1980 年、1985 年和 1992 年农户兼业化造成的农户收入结构变化，说明企业化经营方式能够有效提高农民收入。高强（1999）分析了我国三大地带的农户兼业化形态，认为兼业不平衡性严重影响着农户收入结构和收入水平。李小建、乔家君（2003）通过对 1000 个河南农户的调查分析得出兼业化程度对农户经济收入和农户经济差异的影响显著。向国成、韩绍凤（2005）认为农户兼业化是提高农户经济效率的有效途径。郑尚植（2008）通过对农户兼业行为的分析，提出土地产权制度调整的必要性。丁士军等（2015）研究表明征地后农户农业性收入比重急剧下降，而工资性收入比重大幅度上升，农户征地前后收入结构的变动表现出显著的差异性。

农户收入从其来源构成情况看可分为家庭经营收入、外出劳务收入、转移性收入、财产性收入等。改革开放以来，我国农民的收入构成情况发生了显著的变化。我国实行的家庭联产承包责任制极大地调动了农民的生产积极性。1978～1984 年农户收入的年平均增长率高达 15.9%，其中主要源于家庭经营性收入的快速增长。到了 20 世纪 80 年代中后期，制度变革对于农户收入的影响逐渐减弱，以农业为主的家庭收入已不再维持高速增长，农户收入开始出现波动性增长，1984～1990 年，农户实际纯收入年均递增 4.2%。进入 90 年代之后，虽然农户收入中家庭性收入依然占据比较高的比重，但是增长来源发生了比较大的变化，非农收入增加逐渐成为农户收入增长的重要推动力量。农村非农产业的发展以及农户非农家庭劳动力就业机会的增加，使得农户收入开始了新一轮的恢复性增长。在 1990 年增长 1.8% 和 1991 年增长 2% 之后，农户收入在 1993～1997 年之间连续五年高速增长，1997 年之后农户收入的增幅开始下降，农民收入进入缓慢增长的阶段。2000 年以来，农户收入虽有所增长，但是增长速度仍较为缓慢。从收入构成上来看，家庭经营收入和劳动报酬收入仍然是农户收入的主要构成部分，自 20 世纪 90 年代以来，这两项收入在农户家庭收入中的比重较为稳定，保持在 95% 左右，转移性收入和家庭财产性收入维持在 5% 左右。但是，劳动报酬收入的重要性在不断增加，而家庭经营性收入的重要性在逐渐降低。虽然劳动报酬在 1994 年时对农户收入增长的贡献只有 26% 多一点，但这一数字呈现出迅速增长的趋势，到 1998 年时，劳动报酬对收入增加的贡献开始超过 50%。2000 年则超过了 100%。而家庭经营性收入的贡献则发生了相反的变化，1994 年时，农民收入增加的一半以上仍然可以用家庭经营性收入的贡献来解释，但是这一数字呈现迅速下降的趋势，到 1998 年，家庭经营性收入的增长仅能解释农民收入增长不到 1/4 的比例，而在 2000 年，家庭经营性收入已经无法为农民收入的增加提供任何显著的贡献。家庭经营收入对收入增长的微弱贡献也主要归因于家庭经营中非农业收入。这种农户收入结构上的变化反映了市场发育程度、农户微观经济组织内部以及宏观经济层面所发生的种种变化。整体来看，工资性收入和家庭经营收入是我国农户收入主要来源的主要渠道，其收入比重占到整个农户收入比重的 90% 以上。从变化趋势来看，工资性收入的比重逐步上升，家庭经营性收入的比重有所下降。苏群（2016）使用农业部 2003～2011 年的调查数据指出，在 2003～2011 年间，农业户和农业兼业户的比重均有所下降，降低幅度达 5% 左右，对应的非农兼业户和非农户比重则相应上升了 5%。这组数据显示，市场化改革进程的推动促进了农业户向兼业户的转型。中国农村市场化改革以来，农户的非农收入比重快速提高也离不开城镇化和工业化的发展。

农户分化意味着农户的异质性增加，这进而意味着农户行为的目标、动机以及行为模式出现了差异性。一些学者关注到了农户分化带来的农户行为的变化。刘明轩、姜长云（2015）研究表明当前我国农户金融服务需求主要集中于借贷服务和保险服务，在农户分化的背景下，不同类型农户的金融服务需求程度和需求类型已经出现显著差异：从金融服务需求程度来看，农场类农户最强烈，以农为主的普通农户次之，以农为辅的普通农户最弱；从需求类型来看，农场类农户对借款服务的需求最强烈，普通农户对农业保险的需求最强烈；并且，农户类型和地区变量会对农户金融服务需求程度造成显著影响。黄荣蓉（2016）研究表明农户分化对农户参与土地流转合作社意愿以及实际行为有显著影响。思代慧（2017）研究了社会资本以及农户分化对农户借贷行为的影响。刘金（2018）针对不同分化类型的农户，对农地抵押融资需求的影响因素进行比较分析。顾丽华等（2020）以河北省辛集市作为研究对象，按照农地依赖性程度将农户分化划分全职小农、专业大户、家庭农场、以农为主兼业农户、以农为辅兼业户Ⅰ、以农为辅兼业户Ⅱ、非农户等7种类型，运用多项分类 Logistic 回归分析模型和有序多分类 Logistic 回归模型分析了农户分化对农户农地经营行为的影响。研究发现农户分化类型对农户农地经营行为的影响显著，农户种植结构受农户分化的影响显著：兼业农户多种植粮食作物，经济作物的种植较少；专业大户及家庭农场，偏向于种植经济作物；全职小农、专业大户及家庭农场类农户集约型经营行为明显；以农为主兼业农户、以农为辅兼业户Ⅰ及以农为辅兼业户Ⅱ倾向于粗放型经营。

| 第三章 |

农户分化原因与机理的考察

第一节 研究基础

作为一个微观经济组织,农户需要在给定的经济社会条件下对家庭拥有的资源进行配置,实现一定的经济目标。随着社会经济的发展以及国家政策、制度的变迁,为了获得更高的收入,农户选择在农业与非农产业之间配置家庭资源,导致了兼业行为的普遍出现,从而使得收入结构发生了变化,进而出现农户分化现象。

我国的农户分化现象自1978年改革开放之后开始出现。农村实行家庭联产承包责任制之后,农户拥有自主经营权。其后,农民进城经商、务工逐渐合法化,使得农户群体出现异质化趋向。按照向国成(2005)和张琛等(2019)的研究成果,可以把握相应时期的农户分化状况(见表3.1)。

表 3.1 　　　　　　　　　　**我国农户分化情况（2005 年）**　　　　　单位：%

农户类型	农业户	Ⅰ兼农户	Ⅱ兼农户
占全国农户的比例	23.40	66.00	10.60
东部地区	17.90	65.70	16.40
中部地区	27.90	64.40	7.70
西部地区	21.20	72.70	6.20

　　资料来源：向国成、韩绍凤. 农户兼业化：基于分工视角的分析［J］. 中国农村经济，2005
（8）：4 - 9。

　　向国成（2005）的研究表明，在 2005 年的时候，我国兼业农户已达
76.6%，东部地区兼业农户略高于西部地区，而中部地区兼业农户数量相对
最低。这一结果与东、西部地区发展不均衡有着分不开的联系，东部地区相
较于中部、西部地区更为发达，农户非农就业的可能性更多，Ⅱ兼农业户比
例相应更大，并且逐渐产生了非农户群体。

　　张琛等（2019）根据农业部全国农村固定观察点数据，按照农业收入
占家庭总收入的 95% 以上为农业户、50% ~ 95% 为农业兼业户、5% ~
50% 为非农兼业户，5% 以下为非农户的标准，研究了 2003 ~ 2016 年我国
农户分化及其变动情况。根据表 3.2，可以看出，随着时间的推移，我国
农户分化呈现这样一些特征：一是农业户的比例不断下降。从 2003 年起，
农业户的占比都呈现较大幅度的下降，从 3.92% 下降到 2016 年的 0.54%。
二是非农户的比例不断上升。近些年来非农户的比例呈现快速上升的趋势，
非农户占比从 2003 年的 16.93% 增加到 2016 年的 41.05%，年均增长率为
7.05%。三是兼业农户的比例呈现小幅下降的趋势。此外，兼业农户中非
农兼业户的比例明显高于农业兼业户，二者之间的差值总体上呈现扩大的
趋势，表明从全国整体情况来看，非农兼业户成为兼业农户中重要的组成
部分。

表 3.2	农业部全国农村固定观察点农户分化情况			单位：%
年份	农业户占比	农业兼业户占比	非农兼业户占比	非农户占比
2003	3.92	30.40	48.74	16.93
2004	3.35	34.45	45.20	16.99
2005	2.80	30.22	49.07	17.91
2006	2.43	27.84	50.02	19.71
2007	2.45	26.38	49.20	21.97
2008	1.73	25.27	49.64	23.35
2009	1.76	23.22	49.64	25.38
2010	1.63	22.32	49.39	26.56
2011	1.46	20.96	49.72	27.86
2012	1.38	20.16	49.25	29.21
2013	1.12	17.93	47.79	33.16
2014	1.20	16.66	45.58	36.56
2015	0.83	13.96	46.28	38.92
2016	0.64	12.11	46.20	41.05

资料来源：张琛，彭超，孔祥智. 农户分化的演化逻辑、历史演变与未来展望 [J]. 改革，2019（2）：5-16。

一些学者观察到，与其他国家和地区相比较，我国农户分化与兼业行为具有一些不一样的特征：首先，农户非农就业出现的背景，不同于发达国家。发达国家多因农业科技水平提升造成农业生产剩余劳动力增多，转向非农活动。而我国的兼业行为多因农户为实现收入最大化，对家庭内部资源进行最优配置及合理化分工，进而产生兼业行为。其次，在非农产业开展兼业活动的多为青壮年男性劳动力。这一特征与农户兼业行为行业的选择有关，我国兼业经营时间与发达国家相比较短，行业选择多集中在建筑业、制造业、运输业等，使得青壮年男性成为兼业主体的中坚力量，而女性劳动力非农就业难。最后，兼业行为拉大农户收入差距。多数发达国家兼业化使收入差距缩小。但在我国，土地的均分制度决定了农业收入的均等化，非农就业成为拉大农户收入差距的原因。

从理论上来讲，农户分化是在农户家庭内部以及外部因素共同作用下产生的现象。这些影响因素包括年龄、劳动力数量、受教育水平、土地资源数量、村庄区位等等。为了从微观层面更为准确地理解农户分化的原因及其机理，我们在乌蒙山区选取了 9 个贫困区县，根据研究需要开展实地调研、访谈，同时搜集涉及这一区域的相关统计年鉴，利用相关实证资料来开展研究工作。现有研究多采用一阶段 Logistic 回归模型在全样本数据下就农户是否兼业展开研究。项目研究在参考相关文献的基础上，通过对样本数据筛选、整理、分析，借鉴赫克曼（Heckman）两阶段模型分析思路，首先对"是否兼业"进行总体分析，再对"分化类型"依次进行针对性分析，分析中，通过不断剔除样本数量，将剔除某一类型农户样本后的剩余样本看作全样本，继续运用 Logistic 模型，考察农户分化的具体类型及其影响因素，从而使得项目研究更为细致，具有更强的针对性。

第二节　农户分化原因的实证研究

一、数据来源

在扶贫工作过程中，项目组在乌蒙山区进行调研。在调研过程中，选取了 9 个县开展农户调查工作。在所调研的各个县，项目组按照人口规模和分布情况随机抽样选取农户，采集农户数据，同时根据研究需要开展实地调研、访谈，开展研究工作。通过对调研数据进行搜集、处理，获得 980 户有效农户数据，涉及农户家庭人口、年龄结构、受教育程度、资源状况、资产、收入、消费、投入等方面的情况。样本农户中，农业户为 133 户、占比 13.57%，农业兼业户 544 户、占比 55.51%，非农兼业户 296 户、占比 30.20%，非农户 7 户、占比 0.71%。具体样本农户情况，如表 3.3 所示。

表 3.3   样本农户类型

类型	合计（户）	占比（%）
农业户	133	13.57
农业兼业户	544	55.51
非农兼业户	296	30.20
非农户	7	0.71
合计	980	100

二、研究方法

按照研究需要，项目考察农户分化的原因及其机理。参考 Heckman 两阶段决策模型的分析思路，我们对影响农业户、农业兼业户、非农业兼业户、非农业户四种农户类型的影响因素进行分析。首先，第一阶段将全样本分成两类，从整体化角度考虑"农户是否兼业"；其次，为了防止农户类型交叉可能造成的干扰，在第二阶段的分析中，在全样本中按照农业户、非农业户、农业兼业户、非农业兼业户的顺序，依次剔除前一类型农户，依次分析农户成为"农业户、非农业户、农业兼业户、非农业兼业户"的概率及影响因素。记该行为发生为"$Y_i = 1$"，不发生为"$Y_i = 0$"，例如，是否兼业记为事件 1，则兼业即"$Y_1 = 1$"，不兼业即"$Y_1 = 0$"，显然，所有因变量均表现为 $0-1$ 型（二值型）且不连续，传统形式的线性回归模型对变量的连续性有所要求，因此为满足研究需要，采用二值 Logistic 模型进行分析。

（一）Logistic 模型概述

当因变量是分类型变量（categorical variable）时，传统的线性回归模型不再适用。Logistic 回归模型，因其对因变量的分布没有要求，正是针对此类情况进行回归分析时常用的非线性统计方法。

1838 年，比利时数学家韦吕勒（Verhulst），在研究人口增长时最先创立并命名了 Logistics 回归模型，后逐渐推广使用，被广为人知，主要应用于人类学、数学、动物学、医学和农户行为等领域。借助 Logistics 模型的目的是

了解因变量 Y 取某一数值的可能性 P 与自变量 X 之间的关联，和非 Y 与 X 的联系，进而讨论对概率 P 造成影响的主要因素。

Logistic 回归模型分为二元 Logistic 回归模型（binary logistic model）和多元 Logistic 回归模型（multinomial logistic regression model），前者适用于因变量只有两种情况即二值（0-1）型因变量，而后者适用于因变量有多种类别情况，如血型，包括四种 A、B、AB、O。

（二）Logistic 回归分析的基本原理

Logistic 回归分析基本原理就是通过一组数据拟合一个 Logistic 回归模型，然后利用这个模型说明总体中若干个 X 与一个 Y 取 0 或 1 的 P 值之间的关系；具体来说，计量经济学上讲，Logistic 回归分析实现了在其他 X 固定不变的情况下，估计出每个 X 对 Y 取 0 或 1 的 P 值的影响大小。

若有一事件 Y，设与 Y 有关的一组自变量为 X_1，X_2，X_3，$\cdots$，X_n，有潜变量 Y^* 与 X_n 之间存在一种线性关系，即：

$$Y^* = \alpha + \sum \beta_n X_n + \varepsilon \tag{3.1}$$

其中：α 为模型的常数项，β_n 为模型第 n 个自变量的估计参数，ε 表示模型的误差项。

且 Y 符合如下情况：

$$Y = \begin{cases} 1, & 若\ Y^* > 0 \\ 0, & 若\ Y^* \leqslant 0 \end{cases} \tag{3.2}$$

为说明 X_n 对 Y 取值概率的影响，假设事件 Y 发生的概率为 P，则 Logistic 回归方程为：

$$P = \frac{\exp(\alpha + \beta_1 X_1 + \beta_2 X_2 + \cdots + \beta_n X_n)}{1 + \exp(\alpha + \beta_1 X_1 + \beta_2 X_2 + \cdots + \beta_n X_n)} \tag{3.3}$$

可以发现公式（3.3）的取值范围与事件 Y 取值范围相符，均为 [0，1]。此外，事件发生与事件不发生的概率表示为 $P/(1-P)$，进行 Logit 变换，即取对数，记为 $\ln[P/(1-P)]$，转换为取值范围无限制的一般线性回归模型展开研究。

$$\text{Logit}P = \ln\left(\frac{P}{1-P}\right) = \alpha + \beta_1 X_1 + \beta_2 X_2 + \cdots + \beta_n X_n + \varepsilon \qquad (3.4)$$

其中：系数（β_1，β_2，$\cdots$，β_n）表示在其他自变量都不发生改变的条件下，Y 随着 X_i（$i=1$，2，$\cdots$，n）增加或减少一个测量单位所发生的变化量。

也就是说，当 β 值为正，意味着事件 Y 发生的可能性加大；当系数值 β 为负，则事件 Y 发生的可能性减小。

本书应用二值 Logistic 模型估计农户兼业行为产生的影响因素及作用方向，验证相关假设。

三、研究变量

在参考众多研究文献的基础上，结合样本地区实际情况，我们将农户类型设定为被解释变量，把影响农户分化的具体因素作为解释变量。相关解释变量按照家庭内部、外部原则进行分类；将家庭内部影响因素细分为三类11种因素，分别为家庭禀赋情况（整半劳动力数、抚养比、是否有村干部）、农户人力资源禀赋（劳动力平均年龄、劳动力平均受教育水平、接受过专业培训人数）、农户生产经营状况（是否有农用机械、耕地面积、农业收入、林业收入、牧业收入）；家庭外部影响因素主要指所在村基本情况（与县城距离、与车站或码头距离）。

（一）被解释变量

按照兼业程度的大小，将农户依次对应了四种兼业类型。本书内容依据"国家统计局（2006）"的农户兼业分类标准，并结合本书的研究目的，将农村住户中的非生产经营户排除在外，对农村经营户，按兼业程度由小到大划分为农业户（纯农户）记"*nyh*"、一兼农户（农业兼业户）记"*nyjyh*"、二兼农户（非农业兼业户）记"*fnyjyh*"和非农户记"*fnh*"共四类，其中兼业程度由农业收入占家庭生产性收入的比重，或由劳动力从事农业劳动的时间占全年劳动时间的比重来衡量，如表3.4所示。

表 3.4 农户类型的划分

农户类型	农业收入占家庭生产性收入的比重	劳动力从事农业劳动的时间占全年劳动时间的比重
农业户	95% 以上	绝大部分
农业兼业户	50% ~95%	一半以上
非农兼业户	5% ~50%	一半以下
非农户	5% 以下	几乎没有

资料来源：中华人民共和国国家统计局第二次全国农业普查。

（二）解释变量

1. 家庭内部影响因素

（1）家庭禀赋情况。家庭禀赋情况具体来说就是农户所在家庭的特征，本书的研究主要从整半劳动力数（人）、抚养比、成员中是否有村干部三个方面来分析，除抚养比需要通过公式计算求得，其他两个变量可在已知数据中直接获取。

家庭整半劳动力数，用"X_1"表示，指在调查时间、该农村住户家庭中，年龄为 16 周岁及以上、能够经常参与劳动的常住劳动力人数，由整劳动力和半劳动力人数加总得到，反映了家庭能够参加劳动的全部人数，是家庭劳动力总和，充分表示了家庭劳动力总数，也是家庭抚养比计算中不可缺少的变量。家庭抚养比，又称家庭抚养系数，用"X_2"来表示，是非劳动者在家庭劳动力中的占比，包括 15 岁及以下未成年儿童、需要照顾的老人等，不仅间接反映了农户家庭规模，更直接反映家庭劳动者所面临的抚养压力，通过"非劳动力数与劳动力数之比"计算得到。家庭成员中是否有村干部，反映家庭接收、了解新政策、新制度的速度及理解的有效性，侧面反映家庭感知外部变化的能力，更易做出顺应政策的选择，用"X_3"来表示，为虚拟变量，有村干部记为"1"，没有村干部记为"0"。

（2）农户人力资源禀赋。农户人力资源禀赋强调家庭农户的平均状况，本书用劳动力平均年龄（岁）、劳动力平均受教育水平（年）以及接受专业培训的人数（人）来进行分析。

劳动力平均年龄，用"X_4"表示，是指该户全部劳动力年龄的平均值。劳动力平均受教育水平，用"X_5"表示，指该农村住户所有劳动力所受教育水平的平均值。将劳动力平均受教育水平进行赋值，以"年"作单位，即：令不识字或识字很少为2、小学程度为6、初中程度为9、高中或中专程度为12、大专及以上程度为16，以此为加权系数，对各类人数进行加权求和后，除以总人数获得劳动力平均受教育年限。接受专业培训人数，用"X_6"表示，指样本农户中有多少人参加过专业培训，反映农户劳动力是否愿意学习，以及专业技能的储备、掌握程度。

（3）农户生产经营状况。农户生产经营状况是指农户所拥有的农机设备、土地资源及第一产业生产经营收入等，考虑用是否有农用动力机械、耕地面积（亩）、农业收入（元）、林业收入（元）、牧业收入（元）五个指标衡量，均可以直接在已有数据中直接获取。

是否拥有农用动力机械，用"X_7"表示，为虚拟变量，如果有记为"1"，没有记为"0"，表示农户进行农业活动设备机械化、现代化程度，为判断是否减少了劳动力需求量，提高农业耕作效率作衡量。耕地面积，用"X_8"来表示，是指农户在调查期内所持有的可耕种的土地面积，耕地面积的大小是影响第一产业效率的关键。第一产业经营包括农、林、牧、渔的经营，但由于调研区域为高原地区，农户开展渔业活动的资源条件非常有限，调查数据显示渔业收入仅占第一产业总收入的0.02%，因此在研究过程中不考虑渔业收入的部分。农业收入、林业收入、牧业收入依次用"X_9""X_{10}""X_{11}"表示，以此判断经营农、林、牧业会不会对农户兼业造成影响。

2. 家庭外部影响因素

基于农户经济视角下的家庭外部影响因素主要考量所在村基本情况，指所在村进城务工的便利性以及所在村经济发展状况，具体来说用与县城间距（公里）、与车站或码头间距（公里）来表示。

与县城距离、与车站或码头距离，分别用"X_{12}""X_{13}"来表示，不仅是所在村地理位置的表现，反映农户进城务工的便利性。将农户所在村和县城的间距进行赋值，即：设2公里以下取1、2~5公里之内取2、5~10公里取3、10~20公里取4、20公里以上的取5。所在村距车站（码头）距离也采用同样方法依次赋值为1~5。

四、研究假设

（1）假定农户在进行经济决策的时候，其行为是理性的。

（2）农户行为是自主的。

（3）假定农户兼业有助于农户增收，且兼业过程是不可逆的。

五、实证分析

（一）变量描述性统计及相关性检验

1. 变量描述性统计

在模型进行实证分析之前，根据前述获取的数据、选择的方法以及构建的指标体系，汇总975个观测值的13个研究指标。调研数据表明，平均每个家庭会有3个整半劳动力；抚养比平均值约等于0.637，最小值是0，最大值为4，表明抚养比出现极端情况但其值多在均值附近，少有家庭抚养比高达4，意味着每1名劳动力需要抚养4位非劳动力，抚养压力显而易见，没有劳动力的家庭以及抚养比过大的家庭容易陷入困境。劳动力平均受教育水平最小值为2，均值约为6，说明劳动力普遍具有小学水平的文化素养，但不识字或者识字很少的劳动力依然存在，而大专以上文化水平的劳动者极少，意味着文化素质的提升仍需稳步进行。农用动力机械的均值不到0.2，说明拥有农机动力设备的家庭微乎其微，大多数农户家庭依然以人工耕种为主，农业耕种效率尤为低下。农业收入均值最高，林业、牧业收入受到地理环境影响收入不高，农户经营第一产业收入最小值均为0，说明有农户逐渐离开第一产业活动，资源向第二、第三产业转移，兼业化行为突出。

2. 变量相关性检验

两变量间相关性强弱通过变量间相关系数来衡量。比较相关系数的绝对值，即：若相关系数绝对值越趋近于1，相关性越强；若相关系数越接近于0，相关性越差。通常情况，相关系数小于0.5，认为两变量相关度较差，相关系数等于0，认为两变量完全不相关。

运用Stata 14.0进行自变量相关性检验，整理如表3.5所示。

表3.5　　　　　　　　　　　　　　　自变量相关性检验

变量	X_1	X_2	X_3	X_4	X_5	X_6	X_7	X_8	X_9	X_{10}	X_{11}	X_{12}	X_{13}
X_1	1.000												
X_2	-0.573	1.000											
X_3	-0.074	0.049	1.000										
X_4	-0.066	-0.281	-0.011	1.000									
X_5	0.035	-0.020	0.031	-0.023	1.000								
X_6	0.048	-0.036	0.077	0.013	0.097	1.000							
X_7	0.069	-0.065	-0.086	-0.030	-0.058	-0.097	1.000						
X_8	0.154	-0.118	-0.067	0.021	0.011	0.004	0.119	1.000					
X_9	0.170	-0.113	-0.041	-0.001	0.031	-0.009	0.155	0.556	1.000				
X_{10}	-0.025	0.012	0.000	0.003	0.005	0.012	-0.022	-0.013	0.033	1.000			
X_{11}	0.120	-0.045	-0.021	-0.017	0.020	-0.016	0.221	0.299	0.278	-0.017	1.000		
X_{12}	0.049	-0.010	0.046	0.033	-0.088	0.017	-0.112	0.165	0.061	0.022	0.096	1.000	
X_{13}	0.052	-0.028	-0.002	0.013	-0.009	0.063	-0.134	-0.106	-0.039	0.061	-0.067	-0.018	1.000

表3.5中数据显示 X_1、X_2 和 X_8、X_9 两组变量间相关系数绝对值大于0.5，X_2 表示抚养比，正是由 X_1 整半劳动力数和家庭常住人口数求得，即存在一定关联；X_9 表示农业收入受到 X_8 耕地面积的一些影响；但两组变量并不存在很强的相关性。因此，由表3.5列出的相关系数可知，各自变量之间

两两均不存在强相关关系，所选取自变量可以对因变量进行回归分析。

（二）模型构建与检验

本书使用 Stata 14.0 软件对 975 户农户家庭数据与是否兼业、分化类型间做二项 Logistic 回归分析。因变量 $Y = 1$ 表示发生兼业，是农业户，是非农业户，是农业兼业户；而 $Y = 0$ 代表相反的含义。用 $P(Y = 1)$ 表示二值因变量 $Y = 1$ 时的概率，则 X_1，X_2，$\cdots$，X_{13} 共计 13 个自变量对应的 Logistic 回归模型为：

$$P(Y = 1 \mid X) = \frac{\exp(\alpha_0 + \beta_1 X_1 + \beta_2 X_2 + \cdots + \beta_{13} X_{13})}{1 + \exp(\alpha_0 + \beta_1 X_1 + \beta_2 X_2 + \cdots + \beta_{13} X_{13})} \qquad (3.5)$$

模型取对数，为：

$$\ln\left[\frac{P(Y = 1 \mid X)}{1 - P(Y = 1 \mid X)}\right] = \alpha_0 + \beta_1 X_1 + \beta_2 X_2 + \cdots + \beta_{13} X_{13} + \varepsilon \qquad (3.6)$$

其中：α_0 是常数项（又称截距），β_i 是自变量 $X_i(i = 1，2，\cdots，13)$ 对应的偏回归系数，exp 是以自然数 e（2.71828）为底数的指数。

1. 关于"是否兼业"的实证分析结果及显著性检验

（1）实证分析结果。

在 975 个全样本情况下，进行农户兼业与否的 Logistic 回归分析，实证结果如表 3.6 所示。

表 3.6　　　　　　　农户兼业 Logistic 模型参数估计

是否兼业	系数值	标准误差	z 值	P > z	[95% 置信区间]
整半劳动力数	0.499 ***	0.122	4.09	0.000	[0.260，0.738]
抚养比	0.499 **	0.216	2.31	0.021	[0.075，0.922]
是否乡村干部	0.793	0.751	1.06	0.290	[−0.678，2.264]
劳动力平均年龄	−0.023 *	0.013	−1.81	0.071	[−0.049，0.002]
劳动力平均受教育水平	0.044	0.053	0.84	0.403	[−0.060，0.149]
受过专业培训的人数	0.031	0.169	0.18	0.856	[−0.300，0.362]

续表

是否兼业	系数值	标准误差	z 值	P > z	[95% 置信区间]
农用动力机械	− 0.258	0.252	− 1.02	0.306	[− 0.753，0.236]
耕地面积	− 0.085 ***	0.026	− 3.27	0.001	[− 0.136，− 0.034]
农业收入	− 0.070 ***	0.027	− 2.60	0.009	[− 0.123，− 0.017]
林业收入	− 0.203	0.152	− 1.33	0.182	[− 0.501，0.095]
牧业收入	− 0.328	0.532	− 0.62	0.538	[− 1.370，0.715]
距县城距离	− 0.201 *	0.120	− 1.68	0.093	[− 0.436，0.033]
距车站（或码头）距离	0.132	0.090	1.48	0.140	[− 0.043，0.308]
常量	2.331 **	1.018	2.29	0.022	[0.336，4.327]
模型统计量	Number of obs = 975				
	LR chi2（13）= 88.32				
	Prob > chi2 = 0.0000				
	Log likelihood = − 349.76938				
	Pseudo R^2 = 0.1121				

注：数值为 z 统计量。 * 、 ** 、 *** 分别表示 z 统计量在 10%、5% 和 1% 的显著性水平上统计显著。

基于农户兼业与否实证结果的显示：

首先，由 "Prob > chi2 = 0.0000" 可知实证结果总体显著，回归分析具有充分的解释力。

其次，由 "P > z" 数值判断自变量和因变量之间的相关关系，判断出整半劳动力数、耕地面积、农业收入与农户兼业呈现出 1% 的水平下显著相关关系；抚养比在 5% 的显著性下与农户兼业相关；劳动力平均年龄、距县城距离在 10% 的显著性水平下与农户兼业相关。共计 6 个自变量对农户兼业行为产生影响，其他 7 个变量并不显著影响样本地区农户是否兼业。

最后，由 z 值的正负来判断自变量对因变量作用的方向，可得到整半劳动力数、抚养比 2 个自变量对农户兼业有显著促进作用，即：家庭整半劳动力数量越多；抚养比越大，农户越容易发生兼业行为。反之，其余相关的 4 个自变量即劳动力平均年龄、耕地面积、农业收入、距县城的距离对农户兼业行为的发生存在抑制作用，即：劳动力平均年龄越小、农户家庭耕地面积越少、农业经营收入越低、距县城的距离越远，农户就越容易发生兼业行为。

（2）模型拟合优度检验。

Logistic 回归模型，通常采用三种指标——预测正确率、ROC 曲线、goodness-of-fit test 的 P 值，检验模型的拟合优度。

①分类表——Logistic 回归。

如果发生概率的预测值≥0.5，则认为其等于1；若小于0.5，那么其等于1；将预测发生值与实际值进行比较就可以得到准确预测的百分比。通常需要软件操作建立如表3.7所示的关于"预测值和观测值"的分类表（classification table）。

表 3.7   分类表

classified	true		
	D	~ D	合计
+	830	128	958
−	9	8	17
合计	839	136	975

classified + if predicted Pr（D）≥0.5
true D defined as jyh！=0

sensitivity	Pr（ + ｜D）	98.93%
specificity	Pr（ − ｜ ~ D）	5.88%
positive predictive value	Pr（D｜ + ）	86.64%
negative predictive value	Pr（ ~ D｜ − ）	47.06%
false + rate for true ~ D	Pr（ + ｜ ~ D）	94.12%
false − rate for true D	Pr（ − ｜D）	1.07%
false + rate for classified +	Pr（ ~ D｜ + ）	13.36%
false − rate for classified −	Pr（D｜ − ）	52.94%
correctly classified	85.95%	

表3.7中：

$$总正确率（percentage\text{-}of\text{-}correct）= \frac{正确分类案件数}{总案件数}$$

$$敏感性（sensitivity）= \frac{正确预测事件发生数}{总事件发生数}$$

$$特异性（specificity）= \frac{正确事件未发生数}{观测事件未发生总数}$$

$$错误肯定率（false\text{-}positive\text{-}rate）= \frac{错分类为发生事件实际未发生事件数}{观测事件发生数}$$

$$错误否定率（false\text{-}negative\text{-}rate）= \frac{错分类为未发生而实际发生的事件数}{观测未发生事件总数}$$

显然，模型总分类的正确概率（correctly classified）为85.95%，而预测概率大于等于0.5的事件所占总事件中的比例，即为敏感度（sensitivity）98.93%；表明模型拟合优度大。

②ROC曲线（受控者操控曲线）。

ROC曲线是描绘表3.7中提到的敏感性和"1－特异性"的散点图，或

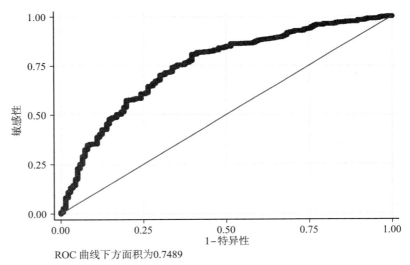

ROC曲线下方面积为0.7489

图3.1　农户兼业的 ROC 曲线

者说，是预测值为 1 的准确率与错误率的散点图；因此若 ROC 曲线完全在 45°直线上方，则说明"准确率 > 错误率"，即准确率 > 0.5。图 3.1 表示出 ROC 曲线下方面积为 0.7489，即预测的准确率是 0.7489，也说明模型拟合优度良好。

③goodness-of-fit 拟合优度检验。

在 Stata 14.0 软件中，运行"goodness-of-fit 拟合优度检验"命令代码，监测模型与样本数据间的拟合程度，得到结果如表 3.8 所示，该检验方法原理为：模型拟合优度随着检验结果中 P 值越接近 1，越好。表中显示"Prob > chi2 = 0.5204"，即 P 值为 0.5204，说明模型具有一定的解释作用。

表 3.8 农户兼业 goodness-of-fit 拟合优度检验

项目	检验值
观测值	975
number of covariate patterns	975
Pearson chi2（961）	958.09
Prob > chi2	0.5204

综合上述三种检验模型拟合优度的方法结论，表明农户兼业影响因素的模型总体显著，拟合优度良好，用实证结果中与因变量显著相关的 6 个自变量可以解释昭通市农户兼业行为。但已知农户分化类型为四种，欲分析每一类型农户分化的影响因素，只考虑"是否兼业"显然不够全面，在现有分析基础上，按照农业户、农业兼业户、非农兼业户、非农业户四种农户类型，进一步开展实证分析。

2. 按照农户类型的实证分析结果及显著性检验

（1）"农业户"影响因素的实证结果。

在具体分析农户各分化类型影响因素的研究中，由于四种类型非农收入占比逐渐增多，首先分析"农业户（nyh）"，事件 Y 表示"是否是农业户"，当样本数据类型是农业户时，记"$Y = 1$"，而样本数据为其他类型时，记"$Y = 0$"，此外，由于农业户除农业收入外几乎不会有其他收入，而村干部收入不属于农业收入且数据中也显示"是否有村干部"均为 0，表示没有村干部，因此解释变量中"是否有村干部"这一指标在分析农业户时不予考虑。其余 12 个自变量，在 975 个全样本情况下，分析结果如表 3.9 所示。

表 3.9　　　　　　　　　　农业户 Logistic 模型参数估计

是否农业户	系数值	标准误差	z 值	P > z	[95% 置信区间]
整半劳动力数	− 0.507 ***	0.128	− 3.96	0.000	［− 0.758，− 0.256］
抚养比	− 0.493 **	0.226	− 2.18	0.029	［− 0.936，− 0.050］
劳动力平均年龄	0.031 **	0.013	2.31	0.021	［0.005，0.057］
劳动力平均受教育水平	− 0.063	0.055	− 1.15	0.252	［− 0.170，0.045］
受过专业培训的人数	− 0.051	0.178	− 0.29	0.775	［− 0.399，0.297］
农用动力机械	0.315	0.257	1.22	0.221	［− 0.190，0.820］
耕地面积	0.088 ***	0.027	3.31	0.001	［0.036，0.140］
农业收入	0.085 ***	0.027	3.13	0.002	［0.032，0.138］
林业收入	0.213	0.157	1.35	0.176	［− 0.096，0.521］
牧业收入	0.783	0.533	1.47	0.142	［− 0.261，1.827］
距县城距离	0.175	0.122	1.43	0.153	［− 0.065，0.415］
距车站（或码头）距离	− 0.111	0.092	− 1.20	0.229	［− 0.292，0.070］
常量	− 2.732 **	1.067	− 2.56	0.010	［− 4.824，− 0.641］

注：数值为 z 统计量。* 、** 、*** 分别表示 z 统计量在 10%、5% 和 1% 的显著性水平上统计显著。

表 3.9 的结果显示"Prob > chi2 = 0.0000"回归具有解释力，得知：在 5% 的显著性水平下，抚养比负向影响农业户，劳动力平均年龄正向影响农业户；而整半劳动力数与农业户负向显著影响，耕地面积、农业收入与农业户显著同向作用。即：整半劳动力数越少、抚养比越低、劳动力平均年龄越大、耕地面积越大、农业收入越多，越容易成为农业户。

（2）"非农业户"影响因素的实证结果。

在以上分析"农业户"的基础上，剔除农业户样本 129 个，减少类型间变量的相互干扰，保证分析的针对性，在剩余样本中对"非农业户（fnyh）"展开分析，即事件 Y 为"是否为非农业户"，如果数据样本农户类型为非农业户，记"$Y=1$"，否则样本数据为农业兼业户或非农兼业户，记"$Y=0$"。自变量中同样先行剔除了样本数据为零的变量，包括是否为村干部、农用动力机械、林业收入，得到结果如表 3.10 所示。

表 3.10   非农业户 Logistic 模型参数估计

是否非农户	系数值	标准误差	z 值	P > z	［95% 置信区间］
整半劳动力数	1.458	1.042	1.40	0.162	［-0.585, 3.501］
抚养比	-0.274	1.660	-0.16	0.869	［-3.527, 2.980］
劳动力平均年龄	-0.183	0.148	-1.24	0.215	［-0.473, 0.106］
劳动力平均受教育水平	0.246	0.475	0.52	0.604	［-0.684, 1.176］
受过专业培训的人数	-1.302	1.091	-1.19	0.233	［-3.439, 0.836］
耕地面积	-1.139*	0.654	-1.74	0.082	［-2.422, 0.144］
农业收入	-6.924*	3.755	-1.84	0.065	［-14.283, 0.437］
牧业收入	-103.028*	52.473	-1.96	0.050	［-205.873, -0.184］
距县城距离	0.967	1.012	0.96	0.339	［-1.017, 2.952］
距车站（或码头）距离	-0.985	0.889	-1.11	0.268	［-2.728, 0.758］
常量	0.904	7.257	0.12	0.901	［-13.320, 15.129］

注：数值为 z 统计量。＊、＊＊、＊＊＊ 分别表示 z 统计量在 10%、5% 和 1% 的显著性水平上统计显著。

表 4.8 的结果显示"Prob > chi2 = 0.0000"回归具有解释力，得知：非农业户受到耕地面积大小、农业收入和牧业收入多少的影响，耕地面积越小、农业收入和牧业收入越少，成为非农户的可能性越大。

（3）"农业兼业户"影响因素的实证结果。

同样的，在"农业户""非农业户"分析的基础之上，剔除"农业户""非农业户"两种类型农户的样本数据，最后考虑两种兼业模式，将剩余 839 户兼业户样本，进行全变量的逻辑值回归，此时，令事件 Y 为农业兼业户

（$nyjyh$），若 Y 发生则记"$Y=1$"，若 Y 不发生，即为非农业兼业户，则记"$Y=0$"，得到结果如表 3.11 所示。

表 3.11 农业兼业户 Logistic 模型参数估计

是否农业兼业户	系数值	标准误差	z 值	P > z	[95% 置信区间]
整半劳动力数	− 0.199 **	0.094	− 2.12	0.034	[− 0.383， − 0.015]
抚养比	− 0.682 ***	0.170	− 4.01	0.000	[− 1.016， − 0.349]
是否乡村干部	− 1.281 **	0.496	− 2.58	0.010	[− 2.253， − 0.308]
劳动力平均年龄	0.014	0.012	1.17	0.240	[− 0.010，0.038]
劳动力平均受教育水平	− 0.044	0.046	− 0.96	0.339	[− 0.134，0.046]
受过专业培训的人数	− 0.228 *	0.132	− 1.72	0.085	[− 0.487，0.032]
农用动力机械	0.539 **	0.266	2.03	0.042	[0.019，1.060]
耕地面积	0.148 ***	0.040	3.71	0.000	[0.070，0.225]
农业收入	0.199 ***	0.047	4.28	0.000	[0.108，0.290]
林业收入	3.815 ***	1.282	2.97	0.003	[1.301，6.328]
牧业收入	4.292 ***	0.668	6.43	0.000	[2.983，5.600]
距县城距离	0.012	0.082	0.14	0.886	[− 0.150，0.174]
距车站（或码头）距离	0.356 ***	0.076	4.70	0.000	[0.207，0.505]
常量	− 1.868 ***	0.784	− 2.38	0.017	[− 3.405， − 0.331]

注：数值为 z 统计量。*、**、*** 分别表示 z 统计量在 10%、5% 和 1% 的显著性水平上统计显著。

表 3.11 的结果显示"Prob > chi2 = 0.0000"回归具有解释力，得知：在选取的 13 个指标中，有 10 个对农业兼业户有显著影响。其中，整半劳动力数越多、抚养比越大、农户家庭有村干部、参加过培训的人数越多则越不容易成为农业兼业户。而农用动力机械、耕地面积、农业收入、林业收入、牧业收入以及距车站（或码头）的距离则显著正向影响农业兼业户。

（4）模型拟合优度检验。

经过上述模型分析，列出各个模型拟合优度检验如表 3.12 所示。

表 3.12 拟合优度检验

模型	农业户	非农业户	农业兼业户
P 值	0.0000	0.0000	0.0000
准 R^2	0.1316	0.7668	0.2326
预测正确比率	86.67%	99.53%	75.21%
ROC 曲线	0.7711	0.9971	0.8137
goodness-of-fit	0.9773	1.0000	0.3380

表 3.12 中显示：

①第一行 P 值，衡量了三个模型的显著性，P = 0.0000 表明四个模型均显著。

②准 R^2 表示模型回归线对样本观测值的拟合程度，说明回归模型具有一定的解释作用。

③模型预测正确比率均在 50% 以上，农业户、非农业户两个模型预测正确比率在 80% 以上，且模型非农业户甚至达到了 99.53%，这表示本章的模型预测具有相当准确的水平。

④ROC 曲线表现出模型的预测能力，其下所涵盖的面积都远大于 0.5，说明三个模型预测正确率明显大于预测错误率，预测精准度拟合度高。

⑤goodness-of-fit 拟合优度检验结果越接近 1，说明拟合优度越好，农业户模型 goodness-of-fit 值为 0.9773，非农业户 goodness-of-fit 检验更是等于 1.0000，模型农业兼业户的拟合程度一般。

尽管准 R^2 值比较低，但综合考虑预测正确比率、ROC 曲线以及 goodness-of-fit 值，可以得出所有方程的所有系数（常数项除外）的联合显著性很高的结论，即模型通过拟合优度检验，估计是可靠的，估计的回归模型可以较有效地解释影响农户分化的因素。

六、结果分析

根据实证研究结果，摘出有影响的变量，标示作用方向，整理如

表 3.13 所示。

表 3.13　　　　　　　　指标体系对各类型农户产生影响的作用方向

变量类别	变量名	兼业	农业户	非农户	农业 兼业户	非农业 兼业户
家庭内部 影响因素	整半劳动力数	+	−		−	+
	抚养比	+				+
	有否村干部				−	+
	劳动力平均年龄	−	+			
	劳动力平均受教育水平					
	参加过培训的人数					+
	有否农用动力机械				+	
	耕地面积	−	+	−	+	
	农业收入	+			+	
	林业收入				+	−
	牧业收入				−	
家庭外部 影响因素	距县城距离	−				
	距车站（码头）距离				+	−

注：表中"+"表示正向（促进）作用，"−"表示反向（抑制）作用，空白处表示无相关关系。

　　总体上，家庭内部影响因素从家庭禀赋、农户人力资源禀赋、生产经营情况三方面对农户分化进行了分析。首先，劳动力平均受教育程度对农户分化没有影响。从调研数据反映的情况来看，样本农户小学及以下程度的劳动力占到总劳动力的 64.85% 以上，初中及以下程度的农户则高达 94.87% 。可能是因为样本农户受教育程度趋同，且整体偏低，未能观察到劳动力受教育程度对农户分化的影响。其次，生产经营情况中的耕地面积及农业收入两个指标对各类型农户均存在显著相关性，是判断农户分化影响因素的关键指标。作为理性经济人的农户，无论家庭收入主要来源是农业还是非农业，都依然持有土地，可以看到，土地是一份相对可靠的保障，能够给农户带来安全感。

当农业收入不能满足农户预期的时候，农户会寻求兼业机会，从而导致农户分化现象的出现。并且，第一产业的收入（农、林、牧收入）对农户类型产生显著影响。最后，家庭外部影响因素中与县城、与车站（或码头）的距离表明区位条件对农户兼业与分化过程构成了影响。

（一）农业户与非农业户

表 3.13 显示，在选取的 13 个变量中，有 5 个变量对农业户产生影响，有 3 个变量对非农户产生影响。对农业户正向影响的指标有劳动力平均年龄、耕地面积和农业收入；负向影响的指标有整半劳动力数及抚养比。耕地面积和农业收入对非农户的作用方向与农业户相反，此外非农业户还受到牧业收入的负向影响。

根据分析结果来看，劳动力平均年龄越大，农户越容易成为农业户。一方面反映中老年劳动力更为保守，更倾向于安守土地继续务农；另一方面，也符合青壮年劳动力更倾向于寻求非农就业机会的现实情况。从收入状况来看，农业经营收入可观的农户，更容易成为农业户；相应地，那些农业收入较低的农户，更容易转化为非农户。

（二）农业兼业户与非农兼业户

从模型分析结果来看，影响农业兼业户和非农兼业户的 10 个因素都互为反方向。其中，整半劳动力人数、抚养比、有否村干部以及接受过培训的人数对非农业兼业户起到正向激励作用。有否农用动力机械、耕地面积、农林牧收入以及距车站（或码头）的距离对农业兼业户具有正向激励作用。

劳动力数量较多的农户，在完成农业生产活动的同时，可以有更充足的时间和精力开展非农兼业活动。家庭成员中包含村干部的农户家庭更容易成为非农兼业户。这可能是因为村干部更容易获得政策与市场信息，因此能够更好地把握住非农产业的机会。抚养比较高的农户，经济压力会更大，会更为迫切地寻找非农机会，转化为非农业兼业户。从事非农兼业需要一定的学识技能。因此，平均受教育程度更高的农户家庭，或者接受较多培训的农户，可能获得更多的非农就业机会。

那些拥有农用动力机械的农户，更倾向于较为稳定地开展农业生产活动。耕地面积较大的农户，相对成为农业兼业户的可能性更大一些。农业（包括林牧）收入更高的农户，由于从第一产业的生产活动获得更多报酬与激励，相对更容易成为农业兼业户。由于距车站（或码头）的距离更远，限制了农户的非农行为，这样的农户更容易成为以农业生产活动为主的农业兼业户。

第三节　结论与讨论

基于农户作为理性经济主体及自主决策的假定，运用逻辑值回归模型对农户分化的原因进行实证分析，得到这样一些结论。

从家庭结构来看，整半劳动力数和抚养比共同反映农户家庭结构，根据实证分析结果，整半劳动力数越大、抚养比越大，农户越容易发生兼业行为。农户劳动力数量越多，在资源一定的情况下，会有更多的剩余劳动时间从事非农生产活动。抚养比反映了农户家庭的抚养和赡养压力，抚养比越高，为了维持生计，贫困农户会更为倾向于选择外出务工来增加收入。

劳动力平均受教育水平高低和参加过培训的人数的多少代表农户整体的人力资本水平。在调研的贫困区域内，劳动力平均受教育水平趋同且整体偏低，无法观察到对农户兼业行为的影响。但随着家庭中参加过培训人数的增多，农户兼业程度会相应提高，从另一个侧面反映了人力资本素质对农户兼业行为、兼业机会的影响。

从调研和实证研究的情况来看，农户第一产业的收入水平决定着贫困农户的兼业行为。当第一产业收入可观的时候，意味着农户从农业、林业、牧业活动中获得的收入能够满足需要，他们从事非农活动的动力相对会减少，更容易成为主要从事农业生产活动的农业兼业户，甚至农业户，也更愿意在土地上进行投资，购买相应的农业机械。这反映了农户兼业行为的一部分原因，在于资源禀赋的限制，来自农业部门内部的"推力"。

按照调研情况来看，样本农户兼业选择地多为国内省外，县内就业人数占比约31.56%，表明县内非农就业机会少。那些距离县城较远的农户，可能由于生产生活条件更为艰苦，反而更希望获得非农就业机会。在距离车站（或码头）较近的社区，农户外出便利，一方面到邻近地区就业更为方便，另一方面还能兼顾农忙时回乡务农，因此更容易成为农业兼业户。

从调研数据来看，即使兼业行为占比达 86.05%，样本农户家庭收入主体仍是第一产业收入。这说明，在乌蒙山区，即使农户兼业成为较为普遍的现象，但二、三产业中的机会并不能帮助农户获得可观的收入，农业生产活动仍然是农户收入的主要来源。为了促进农户收入的提升，建议加强针对各类型农户的培训活动，包括常用知识培训和职业技能培训，从而提高农户人力资源素质与技术水平，从而增强农户从事农业与非农产业的效率。同时，加大基础教育的投入，提升青少年素质，是阻断贫困代际传递的重要工作。调研区域乡外就业人数占比达 71.93%，一定程度上反映了当地非农就业贫乏的现实情况，亟须形成针对性措施加快本地区非农产业的发展，提供更多的非农就业机会。调研地区水资源贫乏，有效灌溉面积比率较低，应加强农业基础设施投入，提高土地生产效率。在兼业行为较为普遍的情况下，应采取适当措施提高土地流转效率，在尊重农户意愿的基础上，通过土地流转，将耕地集中到专业农户手中，形成适度规模经济，并且在这一过程中培育新型职业农民。对于那些农业生产经验丰富且非农兼业意愿较低的农户，应该给他们创造机会和条件，逐步培养成为有胆识、有才能、具备专业知识的综合性人才，从事适度规模经营的农业生产活动。

综合下来考虑，建议根据不同农户类型，根据按类型、按户施策的原则，提供更多的培训机会，择优培养职业农民；对于农业兼业户来说，可以鼓励他们保持农业适度经营，采用先进技术，提高农业生产效率，并强化与市场的联系；对于非农兼业户来说，有必要构建更具吸引力的社会保障政策，在鼓励他们寻找非农就业机会的同时，促进土地的流转；对于那些非农户群体来说，要注意了解他们的需求，帮助他们解决户籍、子女教育、社会保障等方面面临的问题。这样，通过系统的制度与政策设计，在帮助各种类型农户改善资源配置、实现增收的同时，使得农村地区农业资源能够实现更好的配置，进而提升区域经济发展水平。

| 第四章 |

农户分化与农户储蓄行为

第一节　研　究　基　础

一、研究背景

改革开放以来，中国居民收入水平和生活质量得到很大提高，人均收入、消费和储蓄大幅增长。从 2003 年开始，居民储蓄突破十万亿元，2008 年突破二十万亿元，2010 年末突破三十万亿元，紧接着在 2013 年初突破四十万亿元，居民储蓄的增加速度在逐渐加大。相关数据显示，我国储蓄率从 2000 年的 35.6% 飙升至 2008 年的 51.8%，增加了 16.2 个百分点；居民储蓄率从 2000 年的 28.2% 上升到 2008 年的 37.3%，增加了 9.1 个百分点。按照央行数据，2020 年第一季度末我国居民存款余额达 87.8 万亿元，人均存款 6.27 万元，户均存款 16.93 万元。中国在历史上一直属于高储蓄率的国家，虽然近年来储蓄率水平有所下降，但无论与发达国家还是与发展中国家相比，中国的储蓄率水平仍位于世界前列。根据国际货币基金组织（IMF）的统计数据，2017 年中国储蓄率为 47%，远高于 26.5% 的世界平均储蓄率，也高于发展中经济体和发达国家的平均水平。[①]

在一定的经济发展阶段，高储蓄率转化为较高的投资水平，能够支撑较高水平的经济增长，较高的经济增长率也能够为高储蓄率创造条件，两者动态相关，因此不能简单地判定高储蓄率一定危害一个国家的发展，而用宏观手段去打压它。同时，也不能忽视储蓄过剩带来的负面影响。长期的高储蓄率也可能影响宏观经济持续增长的动力，例如，储蓄过高可能导致消费需求不足，破坏生产和消费之间的关系。由于我国国情与金融体制的特征，一方面，银行存款中，储蓄存款所占份额占据较大的比重，使得社会购买力转化为储蓄再形成信贷资金的比例和数量增大；另一方面，储蓄水平过高，使得消费相应减少，从而在宏观层面导致有效需求不足，制约了消费对生产的促进作用。

中国的城乡二元特征十分明显，无论在经济、制度方面，城乡两个社会群体间的差距都相当大，与城镇居民比较，农户的储蓄更高。农户作为一个双重经济单位的特殊社会群体，我们有必要深入理解农村居民的储蓄行为及其影响因素。

二、农户储蓄行为研究动态

（一）国外农户储蓄行为研究

经济学家纳克斯在《不发达国家的资本形成》中，从资本形成的供给和需求方面，探讨了贫困的根源和摆脱途径。国家发展滞后、人均收入水平低的现象皆因资本形成不足，而资本形成不足的根源又在于收入低。从资本形

---

① 我国储蓄率与历史峰值相比有所下降仍远高于世界平均水平［EB/OL］. https：//baijiahao. baidu. com/s？ id = 1637901628124736828&wfr = spider&for = pc，2019 - 07 - 02.

成的供给方面来看，由于贫困地区居民的平均收入低下，几乎没有余钱用于储蓄，低储蓄带来的资本形成不足又使得生产规模和生产效率难以提高，最终导致收入低的恶性循环。从资本需求方面来看，低收入水平导致的购买力低下又造成投资引诱不足，资本形成的不足使得生产规模、生产率和产出难以提高。于是，在发展中国家出现了一个恶性循环：低收入使一国贫穷，经济发展所需的储蓄难以得到满足，而没有储蓄就没有再投资，这一结果使得该国持久贫穷，难以打破"贫困恶性循环"。恶性循环的起点和终点都是低收入，核心都是资本形成不足。这个理论从一定角度上表明了贫困的再生过程，只有扩充储蓄才能促进资本形成。

罗斯托（Rostow，1958）认为当落后国家的储蓄率达到 10% 以上才可能实现经济的腾飞，才有可能实现从落后经济向发达经济转型。从二元经济理论出发，刘易斯认为储蓄率达到 12% ~ 15% 是经济增长必不可少的条件之一，因为农村剩余劳动力向发达城市转移的过程中，需要不断增加资本投入，这种投资最需要储蓄的支持。

莱宾斯坦（Leibenstein，1958）提出了临界最小努力的概念，他认为经济发展的内在因素是人口，经济发展的过程是财富与人口增长之间的抗争，只有远超人口最低生活水平的限制，经济才能增长，一国的经济要有腾飞，就得做出相应努力。而发展中国家人口增长给经济发展带来增长的同时也会添加阻力，而这种阻力已经远超财富的增加，因而这种微小的经济变化是不能实现经济发展的。

生命周期假说对短期消费函数和长期消费函数的调和是以消费者效用最大化理性行为假设和边际效用理论为基础，莫迪利亚尼和布伦伯格（1954）认为消费者是为了得到一定的效用而消费商品和劳务，消费者总想通过将其终生收入在终生消费上进行最佳分配，以使其消费获得总效用最大化，从而得到满足。在以实现效用最大化为唯一目标的前提假设下，消费者会在整个生命周期内计划消费支出，在每个时点的消费同时反映出生命各阶段所希望的理想消费分布，它强调生命周期决定消费支出。生命周期假说下的消费函数即是在预算约束下求得效用函数的最大值，而预算约束表示为消费者终生总消费支出等于终生总收入，由函数关系可看出即期消费支出取决于即期可支配收入、预期可支配收入、初始资产和消费者年龄。生命周期假说将消费者一生分为青年、中年和老年三个阶段，青年和老年因为可支配收入相对较低，储蓄率也较低，甚至需要进行负储蓄；而中年时期，随着可支配收入的增加，一方面用于偿还青年时期的负债，另一方面为老年做准备而进行储蓄，使得消费支出占比降低。该理论通过消费函数解释了长期消费稳定和短期消费波动的原因，提高了收入、财富和年龄分布在影响消费的因素中的重要性，也可用于分析不同阶层家庭消费差别、消费的季节性波动以及宏观政策对经济活动的影响等。

持久收入假说将可支配收入分为持久收入和暂时收入，用公式表示为可支配收入 = 消费者持久收入 + 消费者暂时收入。持久收入是消费者在可支配收入中可以预料、较稳定持续的部门，依赖于消费者预计其终生收入的期望值。这一假说认为消费者的消费支出水平也取决于持久收入，它是一个稳定的常数，对未来可支配的收入预期有着重要作用。尽管暂时的消费和暂时收入可能会在短期内影响这种稳定关系，但从长期来看，这种短期影响会由正负波动所抵消，因而持久收入和消费之间的稳定关系仍然存在，不会受其他经济变量的影响。

在对消费行为进行研究的过程中，因为弗里德曼的持久收入假说和莫迪利亚尼的生命周期假说在结论上大同小异，只是二者的计量模型有差异，故此常将生命周期和持久收入理论一定程度地结合起来讨论，形成生命周期 – 持久收入（LC – PIH）消费函数模型的一般形式：

$$C = \alpha + \beta_1 y + \beta_2 y_{-1} + \gamma A + \mu$$

其中，y 为即期可支配收入，y_{-1} 为上期可支配收入，A 为资产，根据所采用的数据进一步改进模型，在此基础上进行线性回归分析，进而分析出 y、y_{-1}、A 对消费支出 C 的影响。

预防性储蓄是对生命周期 – 持久收入模型的一个实用且前景广阔的扩充，强调储蓄不仅是为了在生命周期内扩展其资源，也是对不确定性收入的保险。该理论启用了效用函数的二次型假设，在理论上证明了收入不确定性对消费存在影响，也说明消费具有敏感性，这一观点和凯恩斯的绝对收入假设相吻合。它强调未来风险和预期未来消费间的关系，指出风险的大小通过影响消费的边际效用产生作用，因此在面对未来情况越不稳定的情形下，消费的边际效用越大，就越能吸引消费者进行预防性储蓄，把更多的财富留在未来消费。

预防性储蓄是风险厌恶的消费者为了预防未来收支的不确定性而进行的额外储蓄，而流动性约束则是金融市场对消费者实现平滑消费的约束，将两者理论结合起来考虑，迪顿（Deaton，1991）等通过研究发现，存在流动性约束的情况下，预防性储蓄动机将进一步加强，由此提出储蓄的缓冲存货模型。而李（Lee，2005）在戴南（1993）的模型框架下，运用实证数据也验证了这一说法，因此，在面临预期收支不确定的情况下，家庭获得非正规金融渠道的信贷能力尤为重要，它会通过影响流动性约束和预防性储蓄影响居民的消费。

在居民储蓄问题的研究上，西方学者的研究对象主要是工薪阶层。在研究储蓄行为时，一般仅仅把工薪收入者看作是消费活动的基本单位。而作为有着生产、消费双重经济功能的经济组织，农户需要在生产和消费之间进行平衡，其储蓄行为和机理与仅仅作为消费单位的家庭部门会有很大不同。

（二）国内农户储蓄行为研究

李锐、项海容（2006）从生命周期模型出发，分析生产经营性投资、住房建设和储蓄存款行为之间关系。通过建立计量方程得出住房建设对物价指数和期望利率非常敏感，储蓄存款对物价指数、生产经营性投资、期望利率非常敏感，而生产性投资对住房建设尤其是面积和所处位置敏感。他们认为出现以上结果很可能的原因是农户可选择的金融投资工具有限，故此应当努力构建完善的农村金融市场体系，丰富农户可选择投资工具，提升非正式金融组织在农村的合理地位。谢勇（2011）利用实证数据，在生命周期及预防性储蓄理论的基础上，从收入、家庭结构、财富水平三个方面对农户储蓄行为进行剖析，指出收入的上升会导致储蓄率上升；在综合考虑了家庭教育与医疗支出的负担后，认为农户储蓄率呈现 U 型的生命周期特征；财富水平越高的农户，其储蓄率反而越低。董志勇（2011）借助广义矩估计法，以我国黑龙江、云南、湖南三省九个县市的 1691 个农户抽样数据为对象，指出农户储蓄与家庭收入、儿童在农户家庭中占比、家庭参与养殖业的程度之间呈正向关系，与家庭成员数、距离金融机构的远近呈负向关系，而通过检验没有很强的证据支持生命周期假说，流动性约束和预防性储蓄动机间的联系也并不明显。黄祖辉等（2011）通过对浙江省农村固定观察点数据分析，定量估计了农户的预防性储蓄行为强度。周晓艳、汪德华和李钧鹏（2011）等考察了新型农村合作医疗对中国农村居民储蓄行为的影响。戴金东（2012）研究提出农户储蓄行为与当地正规金融环境有关。胡士华（2012）在董志勇的研究基础上，结合生命周期理论模型，指出农户储蓄惯性、收入增长率、实际利率和宏观经济波动都是影响农户储蓄持续增长的根本原因。但与此同时，也正是这种储蓄习惯的存在，在较短时间内农户储蓄率不可能大幅下降，而收入增长率却会促进农户储蓄，使得储蓄率持续走高。由于储蓄的增加会抑制消费，因此，高储蓄在一定程度上会对农户消费市场产生阻碍作用。易行健（2012）基于三省九县的农村住户调查数据，指出家庭社会网络越广泛，农户储蓄率越低；收入越低的农户，家庭社会网络对储蓄率的影响越大。牛荣（2013）研究表明农户借贷行为与农村金融整体发展水平有关。王贝（2014）根据山东省农户借贷现状，分析了农户借贷行为的影响因素。童馨乐（2015）从需求视角出发，分析农户借贷行为表现及其形成原因。冉光和、田庆刚（2015）就家庭资产对农户借贷行为的影响进行了实证检验。肖斌卿等（2016）研究表明农户储蓄行为受农户的多种心理因素的影响。陈晓声等（2016）分析了在普惠金融下农户的借贷行为。闫啸、牛荣（2017）通过对农户金融情况的调研，考察了农户借贷行为对收入的影响。蔡海龙、关佳晨（2018）对不同经营规模的农户借贷行为需求进行实证分析。罗芬（2019）研究表明新农保政策通过改变农户对未来养老不确定性的预期，对农户储蓄行为产生影响。王汉杰等（2020）实证研究了农户借贷行为对脱贫质量的影响。崔菲菲、卢卓（2020）等实证分析了返乡可能性对家庭储蓄率的影响。

梳理已有文献发现，农户储蓄行为不同程度地受到收入、社会保障、金融行为、家庭结构、储蓄利率和通货膨胀率等多种因素的影响，其中收入水平和社会保障对储蓄水平的影响尤其受到关注。关于不同类型农户储蓄行为的比较研究，相对而言是比较缺乏的。

三、中国农户储蓄行为特征分析

第一，中国农户在传统上维持着一个典型的大家庭模式。与城镇居民相比，农村大家庭模式的经济生命周期更长。传统上，农村家庭常常是几代人共同生活在一起。虽然这样的大家庭模式会带来各种各样的家庭内部矛盾，但这种传统的大家庭模式使得家庭成员间相互协作，能够带来与家庭规模相联系的收益，从而得以在较长时期内维持了下来。

第二，农户收入存在较大的内在不确定性。中国农户家庭收入过程风险程度比较高，来自农业生产过程中的收入是内在不确定的。在农村地区，农业活动是主体经济，围绕农业生产过程派生的其他行业传承了农业生产过程的不稳定性，使得农区生活的多数居民都受到这种收入不稳定性的影响。由于耕地面积狭小，不确定性的影响迫使农户去寻找非农收入来源。非农收入来源多种多样。走出传统社区，进入非农产业和城镇区域后，农村缺失正规保险机制，农户家庭收入中的风险由于生产过程的多样性和越出农区，变得复杂。从农业生产活动本身来看，农户家庭收入常常面临着巨大的不确定性。农户要在规模狭小的土地上进行农业生产，生产周期长，面对着气候、自然资源条件等方面的变化，农业生产承受着巨大的风险。由于经营规模的限制，随着资本、劳动力投入的增加，农户又要面对着边际投入递减的状况。在这样的情形下，农户家庭既难以持续提高收入，同时面临着各种各样的风险。因此，在条件允许的情况下，农户往往会努力寻找非农部门之外的收入来源。但是，即使是那些转移到非农与城市部门中的农民，也仍然要面对着社会保障方面的种种问题。

第三，农户收入面临较强的外在不确定性。中介性农工商业网络的缺失使得农户收入过程在销售端变得不确定，新的农产品商业中介的发展速度还不足以协调农业供需的运作。大量农户从事相同的商业活动，农产品市场波动幅度过大，农户自身的销售过程反过来又伤害到农户家庭通过销售增加收入的目的。从农业生产与市场联系来看，一方面，千家万户的农民从事农产品生产活动，产品差异性相对较小，另一方面，农产品市场规模有限，消费价格弹性与消费收入弹性较小，使得消费端的市场竞争非常激烈。同时，农产品生产、收购、零售、消费的整个链条较长，农户在供应链上的谈判能力与控制能力都极为有限，面对着波动起伏的市场条件，农户往往在市场下行的时候承担过多损失，而在市场上行的过程中其实很难分享到足够的市场收益。

第四，农户面临较强的借贷限制。中国社会构造派生了独特的借贷限制，同时，由于发展中国家的市场经济体系中某些要素和市场的缺失，金融压制现象的存在，在中国，借贷过程的约束性条件非常复杂，这在一定程度上阻碍了农户的生产经济活动。中国农户拥有的农田规模基本上是一个"袖珍型"的生产规模。按照地方的风俗习惯，一个成家立业的家长既然有了顶门立户的资格，但同时无法为自己农田准备播种收割的资金是无法让人接受的。同时，"袖珍型"的农田规模又为农业生产技术的升级换代提供了复杂的决策空间，新设备的引进和更新超出了血亲家族、直系家庭和村社共同体的能力范围。一旦超出村社的融资能力，向正规金融机构申请贷款时，农户的信用能力受到各种各样的详细调查。从金融市场发展的情况来看，服务于农村的正规金融部门，常常受到业务规模和收益的限制，因此，在一般的情形下，农村的正规金融业务的供给能力往往是不充分的。这为农村非正规金融的发展留出了空间和余地，但是，非正规金融缺乏有效管制，存在着巨大的风险。当农户希望扩大生产规模、增加投资的时候，如果资金的需求超出了家庭、亲属或者农村非正规金融能够提供的范围，即使有机会向正规金融机构申请贷款时，农户的信用水平怎么评估，金融交易如何设计、操作并成功地执行，也往往具有较大的交易成本。

在这样的情况下，中国农户家庭具有较为强烈的预防性储蓄动机。即使收入有限，农户也需要精打细算，花好每一分钱，保持一个较高的储蓄率水平，从而一方面应对可能的风险，另一方面为下一期的农业生产活动储备足够的资金。

第二节　农户分化与农户储蓄行为的比较研究

一、农户储蓄行为影响因素分析

(一) 农户收入

与农户储蓄最密切相关的是农户收入，在当今农户出现分化的背景下，农户的收入来源不再单一，农户收入总体呈明显上升趋势，但农业生产收入和非农收入在不同类型农户中所占比例不同，从而带来了不同类型农户收入风险差异。其中，农业户所面临的收入风险最高，非农业户其次，非农兼业户和农业兼业户收入风险较低。由于不同类型农户均不同程度地面临收入不确定性问题，而相继产生了农户的预防性储蓄。林光华（2013）同时运用中位数回归以消除 OLS 回归对极端值的敏感性，并把中位数回归结果与 OLS 回归结果比较，最后检验估计结果的稳健性，基于江苏农户调查数据的实证研究，得出非农业户、非农兼业户和农业兼业户的预防性储蓄仅占其财富的3%，而农业户所面临的收入风险较其他类型农户高，它的预防性储蓄则高达13%～20%。

(二) 社会保障制度

社会保险、社会救济、社会福利、优抚安置等组成了社会保障体系，其中，社会保险是社会保障的核心内容。从理论上讲，健全的医疗保险、就业保险、养老保险、工伤保险和生育保险等社会保障制度能够帮助人们防范风险，因此能够影响到消费与储蓄行为。面对着种种的不确定性，为了防范不可预见的生活风险，一般而言，农户具有较强的预防性储蓄动机。我国农村和城市之间的社会保障水平存在着差距，相对而言，农村社会保障水平有限，有必要进一步构建一个综合、有效、健全的农村社会保障体系。同时，相关研究表明，随着新型农村合作医疗制度的实施和普及，农户的储蓄动机开始减弱，说明新型农村合作医疗制度的实施能够帮助人们提高抵御未来不确定性风险的能力，从而缓解人们的担忧，刺激消费，减少储蓄。

（三）金融行为

农户的资产主要分为四类：手持现金、银行存款、债券、股票。但由于投资渠道受限，债券和股票这类新出现的金融资产在农村地区很少见，而从农户手持现金和银行存款的比例来看，手持现金比例减少，银行存款所占比例显著增加，这跟农户总资产较低，倾向于配置风险较低的资产密不可分。另外，农户面临的风险种类较多，缺少确定性收入的农户大部分支出需要自身承担，家庭更加倾向于持有流动性较强的资产。金融意识的薄弱、缺乏相关金融知识、受教育水平偏低、交通不便、距离最近的金融网点较远等都使得农户趋向保守的资产配置，舍弃风险较大的股票和债券投资。

（四）家庭结构

家庭结构调查了一个家庭是处于单身或夫妇、夫妇与一个孩子、夫妇与两个孩子、夫妇与三个及以上孩子、单亲与孩子、三代同堂的情况，这一数据很可能会影响农户的生产、消费及储蓄。家庭结构反映出家庭成员数、儿童数、老人数等。一个家庭的规模越大，参与劳动的人数也越多，进而家庭收入越高；或者可能因家庭小孩多，负担更重，即更多无法参加劳动的孩子未来需要教育费用支出，将导致农户储蓄动机的加强。家庭中的非劳动年龄人口与劳动人口之比依旧会影响家庭的储蓄行为。依据生命周期假说，家庭成员中老年人数越多，由于此时可支配收入减少，相应储蓄也更少。而家庭中老人数可以通过家庭常住人口年龄状况分布得出。

（五）通货膨胀率

通货膨胀是指总体价格水平持续上涨的情况，价格的变动将会加深农产品市场供给和需求之间的矛盾，使得农业生产活动不能按正常秩序进行。一方面，通货膨胀通过影响货币的实际价值发挥作用，通胀率越高，表示货币实际价值越低，人们在此时作出的经济决策往往是增加消费减少储蓄，这样将自己的损失降到最低才是最优选择，因此通货膨胀率与储蓄反向变动。另一方面，对于贫困地区的农户而言，劳动收入是绝对主体，财产性收入较低，而工资性质收入往往滞后，在通货膨胀发生时不能及时提高和补偿。在通货膨胀的背景下，农产品价格波动具有很大不确定性，农业生产资料价格的上涨，导致农业生产成本的增加，这样一来，通货膨胀不仅不会提升农户收入水平，反而会加深贫困。消费作为连接储蓄与通货膨胀关系的一个重要环节，在收入面临不确定性波动时，消费成本的增加只会使得农户储蓄减少。

（六）利率水平

由于银行存款占到贫困地区农户金融资产的绝大比例，作为资金借贷价格的利率自然会对农户的银行存款产生影响，可用替代效应和收入效应来解释利率对储蓄的影响。当期利率水平的多少决定了当期消费的成本，当利率水平增加，说明现期消费的成本增加，这时，消费者往往会选择减少消费，增加储蓄，用明年的消费代替今年消费，这就是利率上升的替代效应；而利率水平的增减也会影响消费者的实际财富，进而影响储蓄。当利率上升，导致消费者的实际财富增加从而带动消费，减少储蓄，这就是收入效应。通常所指的价格效应包括了收入效应和替代效应两种。在通货膨胀不严重的国家，由于实际利率水平较低，利率上升的替代效应大于收入效应，此时多数消费者会选择减少当期消费以增加储蓄。

二、变量界定

（一）被解释变量

农户储蓄余额作为被解释变量，其定义为：个人可支配收入总额减去消费支出部分的余额。储蓄余额反映农户储蓄水平，通过储蓄余额可以考察农户收入、消费及储蓄之间的相互关系，而且储蓄余额是农户投资的基础，进而与农户投资与生产行为产生联系。

（二）解释变量

参考相关文献并结合样本地区实际情况，如表4.1所示，我们选择农户总收入、社会保障、金融行为、家庭结构作为解释变量，考察这些因素对农户储蓄余额的影响。虽然从理论上说，利率水平和通货膨胀率是影响储蓄水平的重要因素，但考虑到本书研究的是不同农户类型之间储蓄行为的差异问题，同时亦限于截面数据的性质，在计量模型中不讨论利率与通货膨胀两个变量。

表4.1 研究变量定义

变量种类	变量名称	变量定义
因变量	储蓄余额（Y）	储蓄＝农户可支配收入－生活消费支出
自变量	农户总收入（X_1）	每户可支配收入
	社会保障（X_2）	农户从政府处获得的转移性收入
	金融行为（X_3）	金融资产总额和债务总额
	家庭结构（X_4）	劳动力占家庭总人数的比例

农户总收入用农户可支配收入来表示，具体包括工资性收入，第一、第二、第三产业家庭经营收入，财产性收入和转移性收入四项指标。

社会保障指标，在此用农村转移性收入来表示。农村转移性收入是指农村住户在政府转移支付中的所有收入，具体包括农户从政府获得的离退休金、养老金、救济金、抚恤金、救灾款、报销医疗费、退税、退耕还林还草补贴、无偿扶贫或扶持款其他收入及补贴等，因此农村转移性收入能较好代表政府对农村社会的保障支出。

农户的金融行为以农村信用社贷款和银行存款为主，包括储蓄与融资意愿、信用表现、参与意识等具体活动方式和意识形态。由于乌蒙山区农户受教育水平偏低，保守的资金意识占主导，这使得他们更多倾向于将闲置资金存储在银行，在农业上的投资会选择向农村信用社贷款，所以农户的借贷行为在一定程度上可以代表农户的金融行为。金融资产额包括手存现金、存款余额、债券价值款、股票价值金及其他金融资产价值五项指标；债务总额包括银行、信用社贷款、个人借款及其他。

家庭结构指标按照劳动力占家庭总人数的比例进行计算。在一个农户家庭中，随着劳动力增加，家庭收入有可能相应增加，但是，如果农户家庭小孩多、病人多、老人多，则家庭负担会相应增加。因此选择用家庭中劳动力占比这个指标，可以观察家庭结构对于农户储蓄行为的影响。

三、计量模型

根据研究的目的，首先为了验证农户储蓄与其影响因素之间的关系，构建多元线性回归模型：

$$Y = A + \alpha X_1 + \beta X_2 + \gamma X_3 + \lambda X_4 + \varepsilon$$

其中，因变量 Y 为农户的储蓄余额，自变量 X_1 表示为每户总收入，自变量 X_2 表示为农户从政府处获得的转移性收入，自变量 X_3 表示为金融资产总额和债务总额，自变量 X_4 表示为劳动力占家庭总人数的比例，A 为常数项，α，β，γ，λ 为回归系数，ε 为干扰项。然后用 SPSS 将不同类型农户的储蓄行为的影响因素与农户储蓄之间进行回归分析，并进行拟合度的检验，得出相关的计量结果，并结合相应的理论做进一步的分析。

四、实证研究

将样本根据农户类型划分为农业户、农业兼业户、非农兼业户及非农业户四种类型，依次进行分析。

（一）农业户

数据的分类对计量经济分析有着重要影响，在计量经济分析之前必须进行农户分组检验。在按照收入比例进行分类的农业中，样本 980 户农户中有 133 户为农业户，首先将农户总收入、社会保障、金融行为、家庭结构作为自变量，储蓄余额作为因变量构建回归方程，得到分析结果如表 4.2 所示。

表 4.2   回归系数

项目	非标准化系数		T 值	Sig.	共线性统计量	
	系数值	标准误差			容差	VIF
（常量）	20.396	1353.748	0.015	0.988	—	—
农户总收入	0.195	0.060	3.235	0.002	0.668	1.496
社会保障	−0.187	0.212	−0.883	0.379	0.951	1.051
金融行为	−0.090	0.065	−1.377	0.171	0.710	1.408
家庭结构	−1736.622	1458.427	−1.191	0.236	0.977	1.024

从回归系数表看出，四个自变量中，只有农户总收入的显著性系数小于 0.05，说明该自变量对于因变量的相关性显著，具有统计学意义。由共线性诊断可知，各个自变量之间的方差扩大因子均小于 5，且容差均大于 0.5，说明各个自变量之间相关性不显著，即不存在自变量之间的多重共线性。

故剔除社会保障、金融行为、家庭结构三个变量，取农户总收入对储蓄余额进行回归。回归结果所得 R^2 指标较低，表明拟合优度较低，但从方程总体的显著性水平看，如表 4.3 所示，F 统计量为 9.302，对应 Sig. 值为 0.003，在 5% 的显著性水平下，方程总体显著，可以认为具有分析价值。

表 4.3   方差分析

项目	平方和	自由度	均方	F 值	Sig.
回归	129169715.139	1	129169715.139	9.302	0.003
残差	1819036708.423	131	13885776.400	—	—
总计	1948206423.562	132	—	—	—

根据表 4.4，得到最终的估计式为：

$$Y = -1306.617 + 0.151X_1$$

表4.4 回归结果

项目	非标准化系数		T值	Sig.
	系数值	标准误差		
（常量）	−1306.617	710.420	−1.839	0.068
农户总收入	0.151	0.050	3.050	0.003

表明在其他条件不变的情况下，农户总收入每增加一个单位，则储蓄余额增加 0.151 个单位。

（二）农业兼业户

以 544 户农业兼业户为样本进行回归分析，回归结果如表4.5 所示。

表4.5 回归系数

项目	非标准化系数		T值	Sig.	共线性统计量	
	系数值	标准误差			容差	VIF
（常量）	−3718.663	674.920	−5.510	0.000	—	—
农户总收入	0.351	0.028	12.488	0.000	0.869	1.150
社会保障	−0.508	0.136	−3.739	0.000	0.952	1.051
金融行为	−0.109	0.026	−4.228	0.000	0.914	1.095
家庭结构	923.352	743.692	1.242	0.215	0.995	1.005

从回归系数表看出，四个自变量中，只有家庭结构的显著性系数大于 0.10，说明该自变量对于因变量无显著相关性，不具有统计学意义。由共线性诊断可知，各个自变量之间的方差扩大因子均小于 5，且容差均大于 0.5，说明各个自变量之间相关性不显著，即不存在自变量之间的多重共线性。

剔除家庭结构，取其他变量对储蓄余额进行回归。回归方程 R^2 所表示的拟合优度较低，可能与截面数据特征有关，抑或许还有其他变量可以引入。

从方程总体的显著性水平继续进行检验，如表4.6所示。

表4.6 方差分析

项目	平方和	自由度	均方	F值	Sig.
回归	2414606230.291	3	804868743.430	51.962	0.000
残差	8364294779.514	540	15489434.777	—	—
总计	10778901009.805	543	—	—	—

F统计量为51.962，对应Sig.值为0.000，在1%的显著性水平下，方程总体显著，可以认为回归方程仍然具有分析价值。

根据表4.7，得到最终的估计式为：

$$Y = -3026.617 + 0.349X_1 - 0.510X_2 - 0.109X_3$$

表4.7 回归结果

项目	非标准化系数		T值	Sig.
	系数值	标准误差		
（常量）	-3026.617	380.756	-7.949	0.000
农户总收入	0.349	0.028	12.427	0.000
社会保障	-0.510	0.136	-3.750	0.000
金融行为	-0.109	0.026	-4.222	0.000

表明在其他条件不变的情况下，农户总收入每增加一个单位，则储蓄余额增加0.349个单位；社会保障每增加一个单位，则储蓄余额减少0.510个单位；金融行为每增加一个单位，则储蓄余额减少0.109个单位。

（三）非农兼业户

以296户非农兼业户为样本进行回归分析，回归结果如表4.8所示。

表 4.8   回归系数

项目	非标准化系数		T 值	Sig.	共线性统计量	
	系数值	标准误差			容差	VIF
（常量）	681.084	1714.988	0.397	0.692	—	—
农户总收入	0.040	0.083	0.480	0.632	0.850	1.177
社会保障	−0.769	0.248	−3.105	0.002	0.869	1.151
金融行为	−0.122	0.066	−1.840	0.067	0.973	1.028
家庭结构	−863.619	2002.559	−0.431	0.667	0.997	1.003

从表 4.8 可以看出，四个自变量中，只有社会保障的显著性系数小于 0.05，而金融行为的显著性系数小于 0.10，说明该两个自变量分别在 5% 和 10% 的显著性水平下对于因变量具有相关性。而另外两个自变量无法通过显著性检验，由共线性诊断可知，各个自变量之间的方差扩大因子均小于 5，且容差均大于 0.5，说明各个自变量之间相关性不显著，即不存在自变量之间的多重共线性。

故剔除农户总收入与家庭结构，回归之后 R^2 所表示的拟合优度很低，但从方程总体的显著性水平继续进行检验，如表 4.9 所示，F 统计量为 6.678，对应 Sig. 值为 0.001，在 1% 的显著性水平下，方程总体显著，认为分析可以有一定价值。

表 4.9   方差分析

项目	平方和	自由度	均方	F 值	Sig.
回归	885223906.684	2	442611953.342	6.678	0.001
残差	19420932542.363	293	66283046.220	—	—
总计	20306156449.047	295	—	—	—

根据表 4.10，得到最终的估计式为：

$$Y = 602.295 - 0.727X_2 - 0.118X_3$$

表 4.10 回归结果

项目	非标准化系数		T 值	Sig.
	系数值	标准误差		
（常量）	602.295	588.786	1.023	0.307
社会保障	-0.727	0.230	-3.157	0.002
金融行为	-0.118	0.065	-1.817	0.070

表明在其他条件不变的情况下，社会保障每增加 1 个单位，则储蓄余额减少 0.727 个单位；金融行为每增加 1 个单位，则储蓄余额减少 0.118 个单位。

（四）非农业户

由于非农业户仅为 7 户，样本小于 30 户，难以构建回归方程进行分析，在此简单描述一下该组的情况。描述性统计如表 4.11 所示。

表 4.11 描述性统计

项目	极小值	极大值	均值	标准差
储蓄	-1129.18	11881.11	2868.1511	5031.67153
农户总收入	6410.00	23465.00	13575.4929	6295.26883
社会保障	0.00	4990.10	1154.1571	1744.41333
金融行为	277.00	23148.00	5154.5714	8315.78689
家庭结构	0.50	0.75	0.5952	0.12199

非农业户的样本中，非农户的储蓄极大值为 11881.11，极小值为 -1129.18，平均值为 2868.1511。从收入情况来看，非农户总收入最高值为 23465，最低值为 6410，平均值为 13575.4929。从社会保障看，极大值为 4990，极小值为 0，平均值为 1154.1571。从金融行为来看，极大值为 23148，极小值为 277，平均值为 5154.5714。从家庭结构看，极大值为 75%，极小值为 0.50，平均值为 0.5952。

第三节 结论与讨论

建立计量模型，分析不同类型农户的储蓄行为，得到如下回归方程：

农业户：

$$Y = -1306.617 + 0.151X_1$$

农业兼业户：

$$Y = -3026.617 + 0.349X_1 - 0.510X_2 - 0.109X_3$$

非农兼业户：

$$Y = 602.295 - 0.727X_2 - 0.118X_3$$

实证研究结果表明，对于 133 户农业户而言，仅有一个自变量农户总收入在显著水平上通过检验，它的系数估计值为 0.151，代表了农业户的储蓄余额与农户总收入之间的弹性系数，即当农业户总收入增加 1%，则农业户储蓄余额增加 15.1%。

对于 544 户农业兼业户，样本因变量农户储蓄余额与三个自变量农户总收入、社会保障、金融行为在显著水平上均通过检验，系数估计值分别为 0.349、−0.51、−0.109，分别代表了农业兼业户的储蓄余额与三个要素之间的弹性，这些影响因素的变动中，农户收入与储蓄余额同方向变动，社会保障和金融行为与储蓄余额反方向变动。当农户总收入增加 1%，则农业兼业户的储蓄余额增加 34.9%；当社会保障增加 1%，则农业兼业户的储蓄余额减少 51%；当金融行为增加 1%，则农业兼业户储蓄余额减少 10.9%。

对于 296 户非农兼业户的分析表明，样本因变量农户储蓄余额与两个自变量社会保障、金融行为在显著水平上均通过检验，它们的系数估计值分别为 −0.727、−0.118，表示非农兼业户的储蓄余额与社会保障和金融行为两个要素之间的弹性。这些影响因素对储蓄影响的变动方向和农业兼业户相同，但程度存在差异。当社会保障增加 1%，则非农兼业户的储蓄余额减少

72.7%；当金融行为增加 1%，则非农兼业户储蓄余额减少 11.8%。社会保障和金融行为对非农兼业户储蓄水平的影响程度均高于农业兼业户，这可能与不同类型农户社会保障与金融行为的差异有关。由于非农兼业户所从事的非农活动远多于农业兼业户，外出务工对失业保险、工伤保险等的需求会相应增加，随着非农业行为的增加，农户对贷款的需求也可能随之加大，社会保障程度与金融资产总额的提升，可能增加农户的安全感，增加消费，进而减少储蓄水平。

根据实证研究结果，我们可以观察到这样一些情况：

首先，可以看到社会保障对储蓄的影响较大。农业兼业户的社会保障增加 1%，则储蓄余额减少 51%；非农兼业户的社会保障增加 1%，则储蓄余额减少 72.7%。这说明当农户社会保障水平提高，可能刺激消费，减少储蓄。

其次，研究结果表明农户总收入与储蓄同向变动。当农业户总收入增加 1%，其储蓄余额增加 15.1%，农业兼业户总收入增加 1%，其储蓄余额增加 34.9%。

最后，金融行为与农户储蓄反向变动。当金融行为增加 1%，农业兼业户储蓄余额减少 10.9%；非农兼业户储蓄余额减少 11.8%，表明金融资产额和贷款额增加时都会减少农户的储蓄。

从理论上看，农户收入、消费、储蓄之间的动态关系非常复杂，结合实证研究结果，我们认为：

首先，促进农户增收，可以在有效提高农户消费水平的同时，促进农户储蓄水平的提升。市场活动中的初次分配是决定农户收入水平的最关键环节，要提升农户收入水平，需要完善初次分配过程中的市场机制，形成合理的农产品价格形成机制，保障农户农业收入水平的稳步提升。同时，对于外出务工者，需要通过完善最低工资制度、加强工资支付保障来提升农户收入。

其次，通过社会保障水平对农户储蓄行为的影响，可以看到，当未来的不确定性预期逐渐减少，农户消费将得到有效提升。随着相信新农保制度的全面实施和完善，可能会有效降低农户预期的不确定性，促进消费，并对农村储蓄率产生影响。

最后，农村的扶贫工作中，应重视政策性金融功能的发挥。政策性金融的改革方向是要重新定位农村政策性金融的功能，扩大政策性信贷对贫困地区的覆盖面，增加现有政策性金融机构的业务范围，促进资本形成，打破恶性循环。同时，应注意发挥商业性金融的"加速器"效应，通过创新金融服务，提高金融支持率，满足农户金融需求。

第五章

农户分化与农户投资行为

第一节 研 究 基 础

改革开放之前，我国农业投资主体为国家和集体，主要按照计划经济原则来开展农业投资活动。改革开放之后，农业投资主体由国家和集体逐步转变为国家、企业、农业合作社和农户等多元主体，表现出各农业投资主体投资方式多样化、行为选择复杂化、决策目标市场化、资金来源多向化等趋势。在这样的背景下，农户不再是单纯的劳动力供给者和消费者，而逐渐成为独立的经营者，具有了完整的决策权，其投资主体的重要性不言而喻。随着改革的深入，农村集体经济组织更多的是扮演非农业投资主体的角色，农村合作社等组织也更多是技术引进和技术推广方面更有优势，农户在农业投资中的作用因此日趋重要。

从农户投资的视角来看，不同类型农户如何根据不同项目的收益率、不同风险程度合理配置资源禀赋，将所拥有的资金、土地、劳动力等生产要素合理搭配运用到不同项目，以达到风险收益比最小化，或者利润最大化，这是在农户扮演农业投资主体之后必须要进行选择和面对的问题。研究不同类型农户投资行为特征及其影响因素，激励农户农业投资行为，对于提升农业生产效率一级农业可持续发展具有很强的现实意义。由于自然环境恶劣和资源禀赋落后地区的扶贫开发难度大，常规扶贫方法无法从根本上解决这些地区的贫困问题，需要合理引导农民，通过政策引导以及农民自身投入，增加收入和持续投资能力，来解决贫困问题并提升自我发展能力。

一、国外农户投资行为研究

投资理论是经济研究领域的重要内容。古典经济学家亚当·斯密认为，分工以及由分工带来的专业化能够提高劳动生产率，劳动生产率的提高能够引起国民财富的增长；生产劳动的数量也能够提高国民财富，而其中资本的作用更为重要，资本的投资能够带来更多的利润，而大量的投资能带来更多的利润。法国古典经济学家的代表人物布阿吉尔贝尔针对当时重商主义观点指出，农业是一个国家综合国力和财富水平的基础，因为农业生产出的农产品是生活中必不可少的东西；重农学派的魁奈（Quesnay）认为，只有农业在创造价值、创造财富，为了更多的财富，必须大力发展农业，将社会资本投入到农业中，农业的兴衰直接影响到整个社会经济的兴衰。新古典学派在亚当·斯密的古典经济学投资理论的基础上进一步发展研究，认为利息是影响投资的根本原因，利息是进行投资的一种机会成本，如果投资的收益率少于利息，则人们不会选择投资，只有当投资收益率大于利息时才可能进行投资。而利息的高低则取决于资本的边际生产力和借贷资本的供给成本。新古典经济学派不断完善他们的投资理论，后来将其发展为三要素理论，即：投资取决于资金成本、预期收益以及利率三者之间的关系。新凯恩斯主义的提出者认为投资行为必须区分为由自主消费为驱动力的投资，以及由于社会发展、人口增加、审核水平提高等因素导致的投资，并且通过实证计量模型分析收入对于投资的影响，认为资本的积累对于投资有着较强的刺激作用，资本越多，投资回报越大，更能刺激投资。理性预期学派代表人物萨缪尔森认为，投资是节约今天的消费换取明天更多的回报和消费能力，而投资者是在权衡是今天消费还是明天消费中做出抉择，并且在做出抉择的同时要考虑风险的因素，明天的消费并不是一定的，当风险来临时他们有可能损失明天的部分或者全部消费。而在进行投资时，需要有一个风险回报才能让投资者自愿承受该风险并继续投资。

经济学家关于农户投资行为的具体研究，也已经具有较长的学术历史。恰亚诺夫1925年在《农民经济组织》中提出"自给小农"观点，而其中的"劳动－消费均衡论"，是恰亚诺夫农业经济微观理论的核心。他认为，首先，农户家庭经营是不同于资本主义市场经济中的企业的，因为农户在日常经营中更多的是依靠自身提供的劳动力，而并非像资本主义企业那样雇佣劳动力来生产；其次，农户的劳动力无法通过工资的形式来计算成本，无法用数字金额来精确的计算农业投资；最后，农业生产的产品更多的是为了满足自身需求来进行生产，有多余的才会在市场上进行出售。综上所述，农户并不是追求净利润的最大化，而是在满足自身消费需求的同时按照劳动的辛苦付出程度来进行生产，农户经济是不同于资本主义市场经济的。美国经济学家斯科特（Scot，1976）在通过对恰氏理论的仔细分析和研究的基础上提出"道义经济"命题。斯科特（Scott，1976）通过对东南亚农业社会的历史发展轨迹分析后认为，农户所追求的是较低的风险分配与较高的生存保障，而不是最大化利润或收入。在斯科特看来，农户考虑到未来可能的自然灾害以及生存威胁，并不会一昧追求未来的高收益，而是结合自身劳动付出的辛苦程度和留有财富以应对突发事件的安全角度考虑。

舒尔茨提出了改造传统农业的基本框架，并在长期研究农业经济问题的基础上，形成了人力资本理论。他认为1950年后，对美国农业产业贡献最大的因素是劳动力的综合素质，及劳动力的人力资本，包括劳动力的劳动技能、受教育程度、身体状况等，而不再是劳动力数量、耕地数量以及资本存量的多寡，他认为人力资本的重要性高于物质资本以及劳动人口数量。舒尔茨强调，人生来并非能够决定有这样的才能，而是在成长过程中不断接受教育而得来，这就是人力资本的获得，这些成长过程包括接受教育、接受技能培训以及人口的流动等等。但同时，这一假说是建立在一定的物质基础之上的，在物质基础发展的初期阶段，人力资本的作用并没有那么大。拉尼斯（Ranis）和费景汉（Fei）在《经济发展理论》中提出，为了避免经济发展陷入低水平均衡陷阱，一个国家必须先发展农业，需要加强对于农业方面的投资，当农业发展到一定阶段产生农产品和农业劳动力的剩余，才能促使劳动力转移到其他行业，并最终带动整个社会经济的发展。斯蒂居姆（Steigum，1983）认为农户投资行为的研究主要有两派：第一种学派是调整成本理论学派，该学派假定在农户可以无限制地获得投资资金的情况下，最优的农户投资量是关于投入要素价格、产出品所能获得的收益以及技术三个变动因素的函数，成本理论学派认为可以用调整成本来解释单个企业的投资率；第二种学派则比较强调金融变量在投资过程中所起的作用，认为金融变量在投资过程中最为重要。

在农户行为理论方面，舒尔茨（Schultz）认为传统农业是"贫困且有效率"的。波普金（Popkin，1979）提出应该把农户视作追求利润最大化的"农业企业"的"理性小农"学说。钱伯斯和洛佩兹（Chambers and Lopez，1984）经过一系列的实证研究分析认为借贷能力的高低决定了农户投资的最高上限。这个因素对于农户家庭的效用最大化和农户的生产决策是有较强影响力的。刘易斯等（Lewis et al.，1988）在研究澳大利亚农业时发现，资金成本（包括借贷成本以及机会成本）是影响对农业固定资产投资的重要因素，而短期的农业收入不是一个重要的解释变量。古意特（Gruyter，1996）通过对 1949～1991 年荷兰农业投资进行研究，认为农业投资取决于资产与"资产＋负债"的比率；同时他还得到了与刘易斯（Lewis）等一致的发现，即农户储蓄行为程度对农业投资并没有显著影响，影响投资的因素是资产/（资产＋负债）比率、农业投资的贴现率、投入成本和产出收益。

1990 年以后，实证性计量经济模型在农业投资研究方面进行了大量应用，其中很大一部分认为土地制度以及产权的稳定性对于农户投资行为具有较强的影响。如费得（Feder，1987）、杰克比（Jacoby，1995）认为：增强土地产权的稳定性能够促进农户增加土地投资和劳动力的投入。费得（Feder，1992）还研究了联产承包责任制下农民对住房的投资，指出"农民考虑到政府以前的行为，认为这种投资比较安全"，在研究的样本中农户对住房的投资比生产性投资多得多（差不多2~11倍），说明农户对于土地制度的稳定性能够直接影响对于该土地上面的投资。里尔登、克劳福德和凯勒（Reardon，Crawford and Kelly，1994）从资本市场的视角研究了非洲农户非农收入和农业投资之间的关系。比约恩森（Bjornson，1995）研究了商业周期对农地投资的影响。阿普顿（Upton，1996）指出，由于投资是有风险的，所以只有当投资回报率大于风险偏好率时，农民才愿意投资；农民进行投资面临的风险主要来自环境的不确定性、市场的不确定性和信息不灵三个方面。

二、国内农户农业投资研究

方承（1988）认为，农户农业投资不合理的原因在于农业本身存在的风险性、土地规模较小、农产品价格多变性、国家政策并不稳定等多方面的约束，表现在农业生产性投资规模小，农户更乐于投资非农产业、进行短期投资。同时方承还认为虽然农户农业投资存在诸多问题，但可以通过建立科学合理的农户农业投资诱导机制矫正农户投资行为的偏差。马鸿运等（1990）在对农户农业投资行为的研究中提到农户对于土地的投资具有保守性以及对于农业劳动力的投入也具有集约性。对于众多学者认为土地是制约农户进行农业投资的关键因素，但林毅夫等（1994）以详细的农户数据为基础，用农户消费和投资决策模型实证地分析说明了在制约农户农业投资的因素中，土地制度的稳定性并不明显地妨碍农户进行农业生产性投资。李仁方（1997）认为过多的生活消费导致农户无法将充足的资金投入到农业生产中去，应该在一定程度上引导农户将资金投入到生产经营上。张晨晖（1998）认为农户农业投资减少以及农业收入增加缓慢是由于农业投资环境恶化造成的，要解决此问题必须构建以提高农业比较利益的机制来激励农户进行农业投资。孔智祥、孙陶生（1998）将1986~1994年我国中部、东部、西部三个不同发展阶段的农户进行分类，并据此进行对比分析，得出中部、东部发达地区对于农业投资高于西部欠发达地区，并且发达程度越高，农业投资也会随着升高。该研究认为经济发达地区的农业应该大力进行规模化生产，通过对农业不断地投资，提高农业生产设备及技术水平，并增加农户农业收入。屈艳芳和郭敏（2002）利用 1987~2000 年的统计资料对我国 31 省区市的农户投资行为进行研究，通过对农地收益、承包期、劳动力投入、农业贷款、农户收入等几大因素对农户投资的影响进行了实证分析，得出影响农户投资的重要因素为农户收入以及农地收益水平。刘承芳等（2002）依据江苏省 1993~1999 年的 300 户农户统计数据，利用计量经济统计模型，对农户生产性投资行为的影响因素进行了分析。认为影响农户农业生产性投资的主要因素是农村基础设施、农地面积、农业劳动力、借贷资金、房屋资产等，并且农户农业投资总体处于一个较低水平。吴昭雄等（2013）对农户农业机械化投资行为影响因素进行了研究，发现农户已成为农业机械的投资主体，农民人均纯收入、亩均收益、劳均耕地和政府亩均农业机械化投资对户均农业机械化投资均具有显著影响。孔智祥（2014）则认为，舒尔茨等人的理论在配置效率和技术效率的区别上是模糊的，他们忽视了家庭为达到利润目标而发生的内部人口结构和成员消费等问题。刘孝国、韩星焕和窦茂海（2014）研究了东辽县农户的农业机械投资主体，并利用 Logistic 模型分析了影响农户参与农业机械化投资行为的因素。

国内外学者的研究表明，农户是一个具有多元目标的经济主体，其投资行为需要在风险和收益之间进行平衡，同时农户处于一个充满不确定性的复杂环境，收入、资金成本、要素规模、市场价格、信息、产权制度、国家政策等多种因素影响着农户的农业投资行为。

第二节　农户分化与农户投资行为的比较研究

一、变量选择

本研究样本地区兼业农户占比约为总农户的 86%，与此同时，来自农业的农户总收入占比为 57%，而农户农业生产费用占总支出占比为 26.7%。相对来说，农户收入主要依赖农业，但是在农业生产方面的投资却较少，这形成了明显的反差。众所周知，投资是经济增长的驱动因素，对于这样一个收入结构与投资结构相背离的情况，要想获得农业方面的经济增长，必须加强特定农户农业方面的投资。

在文献研究的基础上，结合样本地区实际情况，本研究初步选择将农户期初农业的收入、期初非农业收入、耕地面积、农业就业劳动力、农户借贷金额等作为自变量指标，分析这些变量对农户投资行为的影响。因变量农户农业总投资包括农业生产费用支出及购置农业生产性固定资产支出，农业生产费用支出为农户短期对农业方面的投入，生产性固定资产支出为农户长期对农业方面的投资。

期初农业收入的多少可能影响农业投资的积极性；与此同时，选择期初非农业收入作为解释变量，则是出于机会成本的角度进行考虑；另外，作为重要的投入要素，劳动力数量和资本之间存在替代抑或互补的关系，可能是影响农户投资的重要因素；既有研究表明，耕地面积的大小是决定农户投资规模的关键因素。而整理样本数据，发现可能样本地区由于融资意识淡薄、贫困地区融资渠道单一且融资难等原因，调查农户中较少发生融资行为，统计量不足，难以对该影响因素进行分析，故将其舍弃。

二、模型设计

本研究希望分析各解释变量对于不同类型农户农业投资的影响，而双对数模型的系数表示该解释变量对于被解释变量的影响弹性，可以直观地得出观察解释变量对被解释变量影响程度，同时便于不同类型农户之间的比较分析，因此使用基于修正过的 C-D 函数双对数计量模型，计算各解释变量的弹性系数，分析这些因素对农户农业投资的影响程度。

$$Y = AX_1^{\alpha}X_2^{\beta}X_3^{\gamma}X_4^{a}$$

将模型线性化：

$$\ln Y = \ln A + \alpha \ln X_1 + \beta \ln X_2 + \gamma \ln X_3 + a \ln X_4$$

其中，Y 因变量为农户对农业的总投资；自变量 X_1 为期初农户农业收入，自变量 X_2 为期初农户非农业收入，自变量 X_3 为农业就业劳动力数，自变量 X_4 为耕地面积，A 为其他影响因素。

应用 SPSS 将不同类型农户的投资行为的影响因素与农户投资之间进行回归分析，并进行拟合度的检验，得出相关的计量结果，并结合相应的理论进行进一步的分析。为了更好地运用软件进行分析，将双对数模型换算成方程 $T = C + aX_1 + bX_2 + cX_3 + dX_4$。

三、实证分析

将样本数据根据农户类型进行划分，分为农业户、农业兼业户、非农兼业户及非农业户四类，依次进行分析。并初始选择 ln（期初农业收入）、ln（期初非农业收入）、ln（耕地面积）、ln（农业就业劳动力 ln）作为自变量，ln（农户农业投资）作为因变量，借助 SPSS 等分析工具来计量分析。

（一）农业户

数据整理过程中，剔除问题样本后得到有效样本总量 980 户农户，其中 133 户为农业户，首先将 ln（期初农业收入）、ln（期初非农业收入）、ln（农业就业劳动力）、ln（耕地面积）作为自变量，农业投资作为因变量构建回归方程。得到分析结果，如表 5.1 所示。

表 5.1　　　　　　　　　　　　　　回归系数

项目	非标准化系数		标准系数	T 值	Sig.
	系数值	标准误差			
（常量）	− 1. 792	0. 801		− 2. 237	0. 027
ln（期初农业收入）	0. 997	0. 085	0. 737	11. 758	0. 000
ln（期初非农业收入）	0. 091	0. 034	0. 166	2. 724	0. 007
ln（农业就业劳动力）	0. 193	0. 129	0. 094	1. 498	0. 037
ln（耕地面积）	− 0. 003	0. 071	− 0. 003	− 0. 041	0. 967

注：因变量——ln（农户农业总投资）。

在表 5.1 中可以看到，ln（期初农业收入）、ln（期初非农业收入）、ln（农业就业劳动力）三个自变量的显著性系数（Sig.）小于 0.05，说明因变量的相关性显著，具有统计学意义，但自变量 ln（耕地面积）的显著性系数大于 0.05，没有统计学意义，所以将耕地面积移出，进行逐步回归线性统计分析。

从表 5.2 中描述性统计量来看，可以看出通过数字化处理后的样本均值和样本标准偏差基本符合回归分析的要求。

表 5.2　　　　　　　　　　　　　　　**描述性统计量**

项目	均值	标准偏差	样本数
ln（农户农业总投资）	8.079	0.836	128
ln（期初农业收入）	9.142	0.618	128
ln（期初非农业收入）	6.567	1.517	128

由表 5.3 相关性检验可知，自变量 ln（期初农业收入）、ln（期初非农业收入）、ln（农业就业劳动力）的显著性都远远大于 0.05，说明各个自变量之间相关性不显著，即不存在自变量之间的多重共线性。其中由于样本数据属于截面数据，离散性程度比较高，R^2 为 0.764 已经能够较好地反映因变量与自变量之间的相关关系，拟合度较好。同时 DW 值为 1.327，接近于 2，说明残差项间不存在相关性。F 分布的显著性系数（Sig.）为 0.000，小于 0.05，说明所建立方程有效。

表 5.3　　　　　　　　　　　　　　　**相关性检验**

变量		ln（农户农业总投资）	ln（期初农业收入）	ln（期初非农业收入）	ln（农业就业劳动力）
Pearson 相关性	ln（农户农业总投资）	1.000	0.742	0.074	0.271
	ln（期初农业收入）	0.742	1.000	−0.114	0.257
	ln（期初非农业收入）	0.074	−0.114	1.000	−0.073
	ln（农业就业劳动力）	0.271	0.257	−0.073	1.000

续表

变量		ln（农户 农业总投资）	ln（期初 农业收入）	ln（期初 非农业收入）	ln（农业 就业劳动力）
Sig. （双侧）	ln（农户农业总投资）	0	0.000	0.004	0.001
	ln（期初农业收入）	0.000	0	0.510	0.402
	ln（期初非农业收入）	0.004	0.510	0	0.205
	ln（农业就业劳动力）	0.001	0.402	0.205	0
N	ln（农户农业总投资）	128	128	128	128
	ln（期初农业收入）	128	128	128	128
	ln（期初非农业收入）	128	128	128	128
	ln（农业就业劳动力）	128	128	128	128

如图5.1、图5.2所示，从残差频数直方图和散点图中可以看出，随机变量残差散点分布基本成直线型，同时服从正态分布，说明数据较好地拟合了回归分析方程。

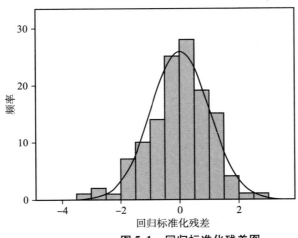

图 5.1　回归标准化残差图

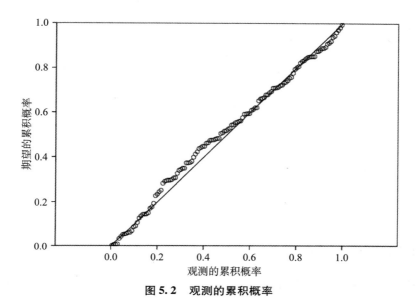

图 5.2 观测的累积概率

回归结果如表 5.4 所示，各自变量的显著性系数（Sig.）都小于 0.05，回归系数具有统计学意义。共线性诊断结果（见表 5.5）表明，模型中不存在共线性问题（见表 5.5），得到回归方程：

$$T = 0.996x_1 + 0.091x_2 + 0.191x_3 - 1.785$$

表 5.4 **回归系数**

项目	非标准化系数		标准系数试用版	T 值	Sig.	共线性统计量	
	系数值	标准误差				容差	VIF
（常量）	-1.785	0.780	—	-2.290	0.024	—	—
ln（期初农业收入）	0.996	0.082	0.736	12.220	0.000	0.925	1.081
ln（期初非农业收入）	0.091	0.032	0.165	2.824	0.006	0.985	1.015
ln（农业就业劳动力）	0.191	0.123	0.094	1.560	0.021	0.932	1.073

注：因变量——ln（农户农业总投资）。

表 5.5   **共线性诊断**

维数	特征值	条件索引	方差比例			
			（常量）	ln（期初农业收入）	ln（期初非农业收入）	ln（农业就业劳动力）
1	3.810	1.000	0.00	0.00	0.00	0.01
2	0.154	4.968	0.00	0.00	0.05	0.06
3	0.033	8.728	0.02	0.03	0.54	0.10
4	0.038	9.130	0.68	0.01	0.06	0.03

注：因变量——ln（农户农业总投资）。

（二）农业兼业户

研究农业兼业户投资行为的影响因素（见表5.6），发现 ln（农业就业劳动力）显著性系数（Sig.）为 0.864，没有统计学意义，所以排除 ln（农业就业劳动力）指标，进行逐步线性回归分析。

表 5.6   **方差分析**

模型	平方和	自由度	均方	F 值	Sig.
回归	118.446	3	39.482	106.028	0.000
残差	200.710	539	0.372		
总计	319.155	542			

注：因变量——ln（农户农业总投资）。预测变量——常量、ln（耕地面积）、ln（期初非农业收入）、ln（期初农业收入）。

如表5.6所示，F 分布的显著性系数（Sig.）小于 0.05，该回归方程有效。R 为 0.609，模型与数据的拟合度较好。随机变量残差散点分布成直线型，同时服从正态分布，说明数据较好地拟合了回归分析方程，具有显著的统计意义。

回归结果如表5.7所示，系数表中各自变量的显著性系数都小于 0.05，具有统计学意义，且经过共线性检验，模型中不存在共线性问题，得到回归方程：

$$T = 0.602X_1 + 0.232X_2 + 0.314X_4 + 0.256$$

表5.7 回归系数

变量	非标准化系数		标准系数	T 值	Sig.
	系数值	标准误差			
（常量）	0.256	0.502	—	0.510	0.610
ln（期初农业收入）	0.602	0.056	0.399	10.683	0.000
ln（期初非农业收入）	0.232	0.043	0.194	5.371	0.000
ln（耕地面积）	0.314	0.044	0.251	7.104	0.000

注：因变量——ln（农户农业总投资）。

（三）非农兼业户

对各自变量逐步回归，结果如表5.8所示。最终符合条件的是 ln（期初农业收入）、ln（期初非农业收入）及 ln（耕地面积）这三个自变量。F 分布的显著性系数（Sig.）小于 0.05，回归方程有效，R 为 0.602，模型与数据的拟合度较好。随机变量残差散点分布成直线型，同时服从均值为 0 的正态分布，数据较好地拟合了回归分析方程。

表5.8 回归系数

变量	非标准化系数		标准系数 试用版	T 值	Sig.
	系数值	标准误差			
常量	−2.717	1.182		−2.298	0.022
ln（期初农业收入）	0.843	0.130	0.395	6.469	0.000
ln（期初非农业收入）	0.317	0.135	0.124	2.341	0.020
ln（耕地面积）	0.404	0.102	0.217	3.941	0.000

注：因变量——ln（农户农业总投资）。

回归结果如表5.8所示，表中各自变量的显著性系数都小于0.05，具有统计学意义，且经过共线性检验，模型中不存在共线性问题，得到回归方程：

$$T = 0.843X_1 + 0.317X_2 + 0.404X_4 - 2.717$$

（四）非农业户

非农业户仅为7户，无法构建回归方程进行分析。非农业户的样本中，农业投资平均值为495元，其中1户不足200元。从收入情况来看，期初农业产业收入最高值为1145元，最低值为0，平均值为479元。期初农户非农收入占比都在95%及以上，说明农户大部分的收入来自非农业。从耕地面积来看，最大值为10亩，最小值为0，平均值为3亩，1亩以下的农户有3户，同时农业就业的劳动力平均值为1。由此可知，非农业户并不依赖于农业生产收入，不以农业生产为主，同时对于农业方面的投资也较少。

四、实证研究结果

根据对样本980户农户的实证分析，根据SPSS等软件得出的回归方程可，其结果及意义分析如下：

农业户：$T = -1.785 + 0.996X_1 + 0.091X_2 + 0.191X_3$

农业兼业户：$T = +0.256 + 0.602X_1 + 0.232X_2 + 0.314X_4$

非农兼业户：$T = -2.717 + 0.843X_1 + 0.317X_2 + 0.404X_4$

其中，T 为 ln（农户农业总投资）；X_1 为 ln（期初农户农业收入），X_2 为 ln（期初农户非农业收入），X_3 为 ln（农业就业劳动力数），X_4 为 ln（耕地面积）。

（一）农业户

通过双对数计量模型的分析，样本因变量 ln（农户农业总投资）与自变量 ln（期初农户农业收入）、ln（期初农户非农业收入）、ln（农业就业劳动力数）这三个因素呈显著相关，它们的系数估计值分别为 0.996、0.091、0.191，分别代表了农业户的农业总投资与三个要素之间的弹性，这些影响因素的变动均能够使农业总产值同方向变动。当期初农业收入增加 1%，则农业总投资增加 0.993%；当期初农户非农业收入增加 1%，则农户投资增加 0.091%；当农业就业劳动力增加 1%，则农业投资增加 0.191%。

（二）农业兼业户

样本因变量 ln（农户农业总投资）与自变量 ln（期初农户农业收入）、ln（期初农户非农业收入）、ln（耕地面积）这三个因素呈显著相关，它们的系数估计值分别为 0.602、0.232、0.314，分别代表了农户农业总投资与三个要素之间的弹性，这些影响因素的变动与农户农业总投资同方向变动。当期初农业收入增加 1%，则农业总投资增加 0.602%；当期初农户非农业收入增加 1%，则农户投资增加 0.232%；当农业就业劳动力增加 1%，则农业投资增加 0.314%。

（三）非农兼业户

样本因变量 ln（农户农业总投资）与自变量 ln（期初农户农业收入）、ln（期初农户非农业收入）、ln（耕地面积）这三个因素呈显著相关，它们的系数估计值分别为 0.843、0.317、0.404，分别代表了农户农业总投资与三个要素之间的弹性，这些影响因素的变动与农户农业总投资同方向变动。当期初农业收入增加 1%，则农户农业总投资增加 0.843%；当期初非农业收入增加 1%，则农户农业总投资增加 0.317%；当耕地面积增加 1%，则农户农业总投资增加 0.404%。

第三节　结论与讨论

一、研究结论

本研究在一开始选定了期初农业收入、期初非农业收入、耕地面积及农业就业劳动力这几个因素作为自变量，探讨它们与农业投资总额这个因变量之间的关系。根据逐步回归剔除变量构建回归方程，比较分析三个回归方程，可以得出以下结论：

期初农业收入是影响农业投资的稳定因素，对农业户、农业兼业户、非农兼业户都有显著的影响，期初农业收入的多少对农业投资有着正相关的关系。期初非农业收入也会对农业户、农业兼业户、非农兼业户对农业的投资起正向促进作用。农业劳动力的人数会对农业户的农业投资产生影响，而在农业兼业户、非农兼业户中则不显著。耕地面积的数量对农业户的农业投资中不产生显著影响，而在农业兼业户、非农兼业户中则有着正相关的关系。

具体来看，期初农户农业收入对三种类型农户投资都有显著的影响，且呈现正相关的关系，说明期初农户农业收入能够影响农户对于农业生产投资的积极性及其投资规模，但对于不同类型农户影响的程度并不相同。对于农业户的影响弹性是最大的，其次是非农兼业户，弹性最弱为农业兼业户。对于农业户来说，农户主要收入来自农业，来自农业的收入的多寡能够极大激励农户投资水平。农业收入水平的高低也能够激励兼业农户的投资规模，当发现能够从农业方面获得较多收入的情况下，非农兼业户较大程度地加大了投资力度，反映了更多的"理性人"特征。

期初非农业收入对于不同类型农户的农业投资来说，从理论上讲可能存在两种影响路径：一方面，非农收入的增加以及农户家庭总收入水平的提高，可以提升农户投资能力，从而相应增加其农业投资；另一方面，从机会成本及替代效应的视角来考虑，非农收入水平提高的情况下，农户可能转变资本、劳动等要素的投入领域，从而增加非农投资，相应减少农业投资水平。从样本地区的实证分析结果来看，在乌蒙山区这样的贫困地区，小农经济特征仍然较为明显，农户出于防范风险以及维持现有生产经营模式的考量，在非农收入增长的同时会增加农业投入。

耕地面积大小是影响农业兼业户和非农兼业户对农业投资的显著因素，未对农业户产生显著性影响。一般情况下，耕地面积与农业种子、化肥等生产资料投入成正相关关系，对于农业兼业户和非农兼业户的农业投资产生显著的影响。实证模型中，耕地面积与农业户投资没有显著相关，可能受到农业户群体耕地分配、收入分布等特征的影响，亦可能受到样本截面数据特征的影响，如果能够获得更为系统的面板数据，可以观察更为明确的相关关系并分析其原因。

农业就业劳动力只是对农业户的农业投资产生显著影响，原因在于农业户只进行农业生产活动，劳动力增加的情形下，农业户倾向于增加投资水平，以使劳动力和资金要素达到更恰当的配置比例，进而获得一定程度的规模效益。另一方面，乌蒙山区人多地少，资源贫乏，存在比较典型的劳动力过剩情况，人口规模增加导致农业边际产出下降，兼业农户将更多地寻找非农机会，而不是调整农业投资，因此农业就业劳动力的增减并不会对兼业农户农业投资产生显著影响。

二、政策含义

乌蒙山区可持续扶贫工作难度大，农户增收难，同时由于自然环境和社会经济条件对于工业与服务业发展的制约，农业的持续稳定增长对乌蒙山区农村发展与可持续扶贫工作至关重要。

首先，提高农户收入水平，是促进农户投资能力的关键。实证研究表明，无论是农业收入的提高，还是非农收入的提高，都可以激励农户增加农业投资。因此，要加强教育培训，提高劳动力素质，开展实用技术的推广，同时创造良好的外部条件，帮助贫困地区农户和市场建立更有效率的联系，帮助农民增加农业经营收入。同时，根据地方特色或资源，开发例如特色旅游产业或者农产品加工业等非农产业，帮助兼业农户获得非农就业机会，增加非农收入。

其次，深度贫困地区农户在进行农业投资时，需要面对自然与市场的双重风险，在受到自然条件和资源约束的情况下，农产品生产周期长、农产品市场价格波动对农业生产活动构成重要的影响，这些农户承受着来自自然和市场双重风险。由于贫困地区的农户资本积累不足，很难承受外部风险，就难以充分地进行农业投资。政府有必要加大农业基础设施和制度建设，提高农户抵御外部风险的能力。有条件的地区，应酌情推广农业保险，帮助农民应对自然和市场波动，增强农户防范风险的能力。

再次，实证研究表明，农业就业劳动力数量对于农业户的农业投资有着正向的促进作用，对于农业户，要帮助他们提高农业经营能力，提高专业化水平，提升劳动力和资本要素效率。对于兼业农户而言，应完善劳动力转移政策，重视农村劳动力转移工作，制定合理的户籍制度，保证兼业程度较高的农户离开农业生产之后能够得到应有的保障，让脱离了农业的"农民"能够在城市公平享受教育和医疗等公共服务。

最后，土地使用权的长期稳定能够有利于农户对于农地的长期投资，促进农业稳定增长，已经是众多学者所提出的观点。土地使用权的确权工作，有利于调动实际使用土地的农民对土地长期投资，激励农业投资水平的提高，稳定农业发展。在一定条件下，通过市场手段以及政策引导将非农户和兼业农户手中多余的土地流转给有需求专业化农户，一方面能够刺激农业户增加农业投资，整合资源，发挥规模经济效应，增加农业收入；另一方面，可以进一步让非农业户和兼业农户得到相应经济补偿，为开展非农产业的投资提供资金支持。完善的土地流转法律能够保证土地流转双方的权利和义务得到法律支持和保障，有需求的双方能够抛弃后顾之忧，不用担心土地流转的稳定性，按照农业和非农业对于自身的比较收益或者机会成本等因素来考虑是否需要进行土地流转。

第六章

农户分化与农户生产行为

第一节　研　究　基　础

从概念上看，农民分化的结果，在家庭层面表现为农户分化为不同类型。随着市场化进程的发展，农户逐步分化成为农业户、农业兼业户、非农兼业户、非农业户。进一步看，农户分化有可能对农业生产行为产生影响。

第一，农户分化会对农业的劳动供给产生影响。从数量上来看，农民职业分化会改变农业劳动数量，并导致其在总人口中的比重日益趋于下降；从质量上看，从事兼业生产的农户在劳动时，往往会把年轻力壮的劳动力配置于要求较高的非农行业中，而将年老生病者以及孕妇幼儿等家庭成员留守在家里经营农业生产，导致农业劳动力的妇女化、老龄化。

第二，农户分化影响农业土地的利用效率。由于农户分化的不够彻底以及不稳定性，很多的农户仅仅是维持着小规模的兼业经营生产活动，占用着土地不使用的同时，也从事着非农经营活动，土地在农户之间的流转有困难。加之土地经营规模较小，投入有限，农业生产较难实现规模效益，从而导致土地利用效率低下。

第三，农户分化对农业资本投入的影响。农户分化现象发生之后，兼业农户通过非农活动实现收入的增加，有可能提升投资能力，从而提高农业的产出效率，最终获得更多的收入。

第四，农户分化对农业科技应用的影响。不同类型农户劳动力、资本、土地经营规模等要素特征存在差异，经营目标也不一样，因此对农业技术的需求有可能不同，从而可能影响到农业科技的使用与推广效率。

第五，农户分化对农业生产组织的影响。随着农民的分化，农业妇女化、老龄化导致农户在农业产业链中的分工地位不断弱化，农户参加组织化进程的能力持续下降，同时，农户兼业和劳动力转移造成的农户经济特征的多元化与农业社会化服务需求的多样性，也对农业组织模式提出不一样的要求。

理论上看，贫困农户是一个目标多元的行为主体，不同类型的农户的行为目标、动机及其表现会存在差异。本书研究过程中，通过走访农户、观察、谈话、调查研究、数据采集等方式，以期分析比较这些不同类型农户的生产行为，总结这些行为的特点和影响农户生产行为的因素，在此基础上针对不同类型农户的生产行为给出相关的干预措施，有可能为相关政策提供决策依据。

一、农户行为经典理论及国外研究现状

劳动消费均衡理论强调的是农户行为群体有着"家庭劳动农场"的特质，它是关于农户行为研究中相对较早的理论，俄国学者恰亚诺夫指出小农经济的行为具有复杂性，资本主义的学说不能用来解释小农经济的行为，如果雇佣劳动农场的纯利润为负值，那么该农场就会被认为是在亏本状态，而只有当小农们投入农场得到的资本收益率大于国内一般的利息率时，该农场才会被认为是有利可图的。农民家庭农场是一个综合的组织，不存在工资这一说法，农场的劳动耗费情况是由每单位所消耗的实物来衡量，并不符合资

本主义簿记式的"工资"原则。农场里面的家庭会对其劳动的辛苦程度进行评价，比较分析之后选择结果是合格的还是不合格的。家庭需求的满足程度是衡量劳动耗费的一个关键指标，家庭需求的满足程度与劳动的辛苦程度之间有一种均衡，如果保持不了均衡，即便劳动报酬很低，家庭农场也还是会继续投入，而一旦达到均衡，必须要非常高的劳动报酬才能够刺激更多的农民投入更多的劳动力。

不同于劳动消费均衡理论的观点，利润最大化理论认为在经济行为上传统社会的农民等同于现代资本主义社会的农场主，他们追寻的是"利润最大化"原则。其主要代表人物舒尔茨指出应当将小农放在与资本主义的"企业"或"公司"对等的地位，他们经营目标就是追求利润的最大化，他认为可以照搬分析资本主义企业的经济学原理来分析农户的经济行为。波普金（Popkin，1979）提出"理性的小农"一说，他认为小农是理性的，为了追求利润最大化必然要先权衡比较长期与短期的利益之后再作出合理的生产抉择，由此进一步阐明了舒尔茨的分析，虽然这个理论的前提是基于"完全竞争市场"一说，导致它的解释力受到了诸多的质疑，但不可否认的是，它确实打开了对农民行为研究的一种"理性视角"。

劳动消费理论与利润最大化理论均太过于极端，于是黄宗智在对中国农村经济状况统计比较分析以后，提出了"过密论"一说，这是一种相对较为折中的理论，没有上述两种理论那么极端。这种理论认为应当辩证看待中国农户的经济行为与"家庭劳动结构"限制以及市场震荡的关系，而农民所处的社会地位较为弱势，农民地位的低下会一定程度地影响到他们的经济行为，因此，不管用哪一种理论单纯地来解释中国农户的经济行为都是不够恰当不够准确的。黄宗智的"过密化"理论站在了不同的理论视角，对不同阶层的农户经济行为都进行了具体的分析，由此得出"利润最大化"理论对于解释"经营式农场"更为适合，而"劳动消费均衡"理论对于解释"家庭式农场"则更适合。

詹姆斯·斯科特是风险厌恶理论的代表人物，他认为农民从事农业生产时总是会选择一种相对较为安全的技术来生产，种植的方式也是一成不变的，导致这种现象发生的原因在于农民只是拥有微薄的经济利润，虽然采用这种方式进行生产经营活动会减少农业总产值，但由于大部分的农户是风险回避型的，他们不愿意接受新型的技术与创新，所以对于社会来说，这样的生产是缺乏效率的。风险厌恶理论认为自然灾害的发生、市场秩序的紊乱、信息的缺失、法律制度的不规范等都会导致市场的不完善，由此可见，农户行为不仅很容易受到市场的约束，而且当自然条件改变、社会制度改革时，也极易受到严重影响，农户的行为并不都是理性的，大部分时候甚至都是不理性的，农户风险回避行为解释了农民的"非理性行为"，为研究农户行为提供了一个新的方向。

"农场户"理论来源于日常的经营活动，当时是在日本有一种主要农产品的价格发生了变化，该价格的上升本应带来农村部门市场剩余的显著增加，但是实际情况却没有，于是学者们就对这个问题的解释进行假设与实证分析，最终得出了将生产决策和消费决策结合起来分析的农场户经济模型。

"农场户"模型是恰亚诺夫的"劳动消费均衡理论"和贝克尔的"新家庭经济学"的有效融合，前者的理论核心上文已提及，而新家庭经济学对家庭成员的所有时间单元的价值（不论是从事家庭劳作、工资性工作还是娱乐休闲等）以边际机会成本的形式进行估价，分别按照传统厂商理论的成本最小化原则和传统消费理论的效用最大化原则组织生产决策和消费决策，通过建立时间、购买性商品与生计性消费品的组合来实现家庭效用的最大化，结合了"时间分配理论"和"生产消费一体化"建立了农场户模型。

张五常认为由于佃农与地主之间有着复杂的土地租佃活动，所以佃农的经济决策并不能单纯地用以前的农户决策理论来解释。张五常注重强调农户之间的关系，单个农户作出的生产决策却并不是这个农户的单个行为，该行为受到其他农户决策行为的影响，它不同于农户在土地和其他要素之间的决策，所以说要想研究农户的行为，不能只是简单地观察单个微观农户的行为，而要从整个社会、整个社区、整个村庄或者是整个阶层来研究。

梳理近些年的研究文献，可以看到，一些国外学者注重考察某一领域农户的具体行为，并给出干预方向。例如，奥特加等（Ortega et al.，2014）研究了中国南部水产养殖农民的生产者行为，在此基础上提出了一些用以改善生产实践并提高产品安全和质量的开发政策。同时，一部分研究者认为，外界因素对于农户生产行为的影响不容忽视。比如侯赛因（Hussain，2014）通过对农户进行采访，收集定性与定量的数据，发现增加劳动力和土地等农业投入成本能够激励农民加强水、机械和化学的使用，另外，农户也采取兼职分享家庭农业和组织努力劳动等行为，他们在此基础上讨论农业政策和策略框架内的环境规划，可以使农业更好地集成到大城市发展。皮克（Picker，2013）认为天气预报会影响农户的生产行为，天气预报的准确性与农户的盈利能力息息相关，从而会影响到农民的生产行为，可以通过进一步改善他们的知识情况，以应变不同的天气条件，大幅提高农户可变性和利润水平。瀚瑞森和詹姆斯（Hendrickson and James，2005）研究了农业产业化如何影响农业和农民生产行为的伦理约束的选择，认为农业的产业化不仅使农业生产方式发生了改变，同时它也影响农民在一些重要的方面作出的决定。达坦托（Dartanto，2010）通过研究发现，在外部冲击造成农作物及收入损失的情况下，农户应对冲击的方式取决于其资产所有权、劳动力状况、家庭结构、获得贷款的能力等因素。

一些学者希望把行为研究基础理论与农户特质结合起来，构建农户行为分析的一般模型。费奥拉和宾德（Feola and Binder，2010）认为要想有效地研究农民行为必须具有：一个明确且动机良好的行为理论、综合的研究方法以及理解反馈过程和动力学，他们利用 IAC 框架，将三者融合在一起，按照这三个支柱，提供了一个概念结构用来理解农民的农业系统的行为，它结合了不同的行为驱动，在宏观和微观的层面之间构建桥梁，描绘了一个潜在的人类机构的不同模型。这个模型也为我们研究农户生产行为指出了一个可能的研究方向。

二、国内相关研究综述

1. 农户生产行为的影响因素

余桂南（2008）实地调查了内江市市中区的农户，分析了农户耕地生产的几种行为，例如生产决策行为、农业资本投入行为、技术选择行为以及作物品种选择行为，用多元回归分析的方法分析农户在耕地的生产利用方面会有哪些影响因素，并提出了相关建议。周俊杰（2013）选择农药的使用、农户水源的选择和化肥的使用为因变量，通过实地调研湖南省安仁县农户获得数据，建立 Logit 模型分析该地区农户的水稻生产行为，找到影响水稻安全生产行为的相关因素，分析这些因素与水稻生产行为之间的相关联系，以此推出破坏水稻质量安全生产行为的原因，在此基础上提出有针对性的建议和意见。徐文燕（2014）通过对河北省农作物的主要生产地市（石家庄、保定、沧州、唐山、邢台、邯郸）的部分农户进行实地调研，分析了河北省实施农业保险会对农户生产行为产生怎样的实际影响。蒋燕兵（2013）探讨了云南省地区农业生产与气候变化之间的关系，在气候变化这个大的背景下，立足于农户的角度，对云南省地区农户生产行为的适应性进行研究，汇总了样本地区的天气与降水情况，分析这些情况对农业生产的影响，阐述了农户生产的现状，同时对不同区域的农户适应行为分别作出了简单的评价。边英涛（2010）分析的是国家实施良种补贴政策以后，农户生产行为的可能转变方向，举例阐述了在实施良种补贴政策以后河南省各农户的情况，发放调查问卷获得了实验所需的数据，构建 Logistic 模型，分析哪些因素会在实施良种补贴政策的过程中影响农户的购买行为。莫鸣、包翠文和刘利萍（2015）通过对 375 个农户的调查发现，存在农户缺乏对农产品质量安全法规的了解和农产品质量安全政策的执行效果较差等诸多问题，并从农户和政府两个层面分析问题产生的原因，主要表现为农民对农产品质量安全法规的认知存在偏好、农产品质量安全法规的宣传不到位、农民生产行为的选择存在路径依赖性和农产品质量安全法规的执行效果不好等原因。薛彩霞、姚顺波（2016）等基于四川省石棉县黄果柑种植农户的微观抽样调查数据，采用倾向得分匹配法实证分析了地理标志使用对农户生产行为的影响，并探讨了农户使用地理标志的影响因素，发现地理标志的使用对农户采用环境友好型技术、施用环境友好型肥料和农药具有显著的促进作用，也显著增加了农户的农资投入，但对农户增加地理标志产品的种植面积和劳动投入的影响不显著；同时发现户主性别、户主受教育年限、黄果柑收入占总收入比例、是否为科技示范户、农户果园坡地地形条件对农户地理标志使用有正向影响，但户主种植经验对农户地理标志使用有负向作用。

2. 粮食安全、污染与农户生产行为

近年来，粮食安全与污染问题引起大家的诸多关注，不少人将食品安全与生产行为联系在一起。刘真真（2012）对黑龙江省的奶农进行问卷调查，对这些奶农的生产行为进行描述性统计分析，列举出在奶农的生产过程中会影响原料乳质量安全的因素，并构建 Logistic 模型对这些可能影响安全生产行为的因素进行多元回归分析，列举了奶农生产行为中存在的问题，指出应该多方面介入，从政府、企业以及奶农三方面着手，为规范奶农的生产行为、保证安全生产提供对策建议，希望可以保障黑龙江省乳制品行业的健康发展，提高竞争力。谢静霞（2009）选取江苏省的四个可以代表江苏省不同地域蔬菜生产情况的城市作为调研地区，对在安全蔬菜生产基地进行生产的农户采取调查，从样本农户的个人特征、生产特征以及组织对其的监管情况三个方面分析安全蔬菜生产行为的激励约束机制。杜婷婷（2013）利用相关的理论知识，结合学者已有的研究，对样本农户调查数据和资料，采用了理论和实证相辅佐、定性和定量相结合的分析方法，探讨农户在安全生产方面是如何考虑分析的，并在此基础上，提出了相关的政策建议以提高农产品质量安全水平。赵璐（2009）对目前已有的关于粮食安全方面与农户行为方面等的相关理论与研究动态做了一个阐述，站在生产农户的角度，深入探讨了农户生产行为对我国粮食安全的影响，对于如何引导农户的生产行为、促进农户种粮的积极意愿、确保我国的粮食安全，指引了可实现的路径选择，并在此基础上提出了具有针对性的对策建议。李浩宇（2013）对样本农产品生产的基本情况展开了调查，研究影响农户生产行为的因素，指出目前我国农产品安全状况存在的不足之处，在此基础上提出相应的解决方案，同时提出要加强农户关于农产品安全生产的认知意识，对影响农产品安全生产的政府行为和媒介监督策略要加以正向引导。夏天（2014）研究的是农村面源污染问题，选取农户生产行为的视角，以《黑龙江统计年鉴》《中国统计年鉴》作为研究数据，比较分析不同的农户生产行为对农村面源污染造成的影响差异，为今后黑龙江省农村面源污染的防治指明了研究方向。姜慧慧（2011）构建方程对河南省村落的小麦种植户的调查数据进行分析，探究导致农户不安全生产行为的因素有哪些，以及应对哪些方面采取措施才能控制农产品的生产质量，希望可以从源头上杜绝危害因素，提高农产品的质量，为今后对于如何指导农户安全生产的研究提供了一个方向。

3. 风险决策与农户生产行为

农户的生产决策往往伴随着一定的风险。肖海峰、何秀荣和李鹏（2004）认为在农户的生产行为中，农户种粮的积极性是农户的种粮意愿的前提，没有积极性就不会有种植的意愿，而一旦有任何潜在的风险因素，且该风险因素影响了粮食的安全生产，安全生产一旦威胁到了种粮的积极性，农户就会打消种植的意愿，从而风险因素影响了生产行为。朱艳（2004）认为农民是一个追逐自身收益最大化的个体，在其追逐的过程中，农民并不是一味地盲目向前，而是会考虑风险的存在与否，如果生产经营活动存在着较大的风险，或者是由于信息沟通渠道的问题导致不对称的存在，导致风险的产生，农户就会权衡风险与收入，比较选择风险较小的方案，以此来保障收入的稳定性。周婷婷等（2008）认为经济的风险、自然因素的风险、社会因素的风险等均能左右农户的生产决策行为，这些风险的存在会导致市场的动荡不安，而风险规避型的农户就会作出边际收益大于边际成本的方案来进行生产，但该行为的收益并不能达到最大化。杨凡（2011）系统地梳理了个体行为与农户行为的理论，以西南四省水稻生产为例，说明农户的脆弱性会导致农户生产的决策发生改变，以农户抵御风险的能力和应对风险的态度为背景，列举影响农户水稻生产行为的脆弱性因素，构建方程，分析实证得出的结果，提出与促进水稻生产相对应的对策建议。吴娜玲、李小建和乔家君（2012）以河南省柘城县农产品的销售价格受到经济冲击严重下滑为研究背景，阐述了农户在风险未来之前采取的防范措施以及应对风险时采取的处理措施，探讨处于风险状态中的农户是如何决策的，以及决策行为的类型与特征，指出作为风险承受主体的农户与作为管理主体的政府应该采取怎样的应对之策。闵师、王晓兵、白军飞和黄季焜（2017）利用612户橡胶种植户的调查数据，探讨了影响农户价格反应行为的决定因素，发现农户在预期橡胶价格变动幅度越大时选择生产调整行为的可能性越高，并且在预期价格上升时调整生产行为的概率显著大于预期下降的情况，呈现显著的非对称性反应；同时，受到户主和家庭社会经济特征及橡胶种植园生产条件等因素的影响，农户应对天然橡胶价格变动的生产调整行为存在异质性。黄炎忠、罗小锋和张俊飚（2020）基于适应性预期理论模型，运用 547 个食用菌种植户样本数据实证研究了市场价格预期与生产调控能力对农户生产规模调整行为的影响，发现不稳定的市场价格是目前农户生产过程中最担忧的问题，43.17% 的样本农户会根据市场条件对生产规模做出调整决策，农户生产规模调整行为决策受市场价格预期与生产调控能力的共同影响，较高的前期市场价格、充裕的家庭劳动力、生产技术培训以及户主年龄较小等因素都有利于农户扩大生产规模，而生产成本和户主年龄的增加则会促进农户作出缩小生产规模的决策。

4. 农户生产行为的理论研究

农户生产行为的分析离不开理论基础。严晗（2012）在对农户行为理论、可持续发展理论以及效益理论做出系统梳理的基础之上，选取了南昌县 210 户农户，立足于农户水稻生产行为的角度，对调查所获数据进行描述性统计，从农户的水稻生产决策行为方面、选择行为方面以及影响农户水稻生产行为的因素方面展开论述，指出了样本农户在生产过程中存在的不足，为了能够促进水稻生产的可持续性，对政府和农户提出一系列的改进建议。黄娟、胡向红和俞筱押（2011）运用柯布－道格拉斯生产函数构建模型，运用贵州省独山县基长镇农户的生产数据，实证分析了西红柿生产行为特征，在此基础之上，提出相应的建议。

5. 农户生产行为干预

关于农户生产行为的优化方面，陶红梅（2010）认为农户生产行为的低效率会制约地区经济的发展，项目选取云南西盟县佤族为研究对象，对当地农户的生产行为进行分析，提出应当从主体方面、技术方面、文化方面以及制度方面这几个层面着手，为干预佤族农户生产行为提供对策建议，以使农户可以互帮互助、互相借鉴，从而达到共同进步、共同发展的目的。程杰贤、郑少锋（2018）采用倾向得分匹配法（PSM）研究基于质量安全的政府规制对农户生产行为的影响，表明政府规制显著影响农户农资投入行为，有利于农户接受和执行政府规制政策，并且能够促进农户新技术采用行为，但是政府规制对农户质量安全控制行为无显著影响。尚燕、颜廷武、江鑫和张俊飚（2020）基于四省七市的农户调查问卷，实证研究公共信任对农户生产行为绿色化转变的影响，表明公共信任有利于提高农户生产行为绿色化转变，影响大小依次为技术信任＞制度信任＞同行信任，同时发现农户存在一定的公共信任危机，市场信任危机尤重。刘某承、白云霄、杨伦和焦雯珺（2020）研究了不同的生态补偿标准对优化农户生产行为的影响，发现生态补偿能够激发农户的农业生产热情，农户倾向选择更为复杂但收益更高的种植结构，但随着生态补偿标准的提高，农户的种植决策对标准的敏感性逐渐降低。

国内学者对于农户行为的关注，大约始于20世纪90年代中期。近年来，对农户生产行为的研究视角不断拓展，一些研究关注农户生产行为的影响因素，有的学者着重考察风险与生产行为的关系，也有学者尝试构建农户生产行为研究的基本理论框架，还有一部分研究强调实地考察并提供干预方案。现有研究为考察贫困地区农户生产行为，提供了充分的借鉴作用。

第二节　农户分化与农户生产行为的比较研究

一、模型选择

农业生产函数主要用来考察既定技术条件下，要素投入和产出水平之间的关系，而农业产出水平由生产要素的质量和数量以及相应的技术条件所决定。农业生产函数一般可以分为线性和非线性两种函数表现方式，最常见的生产函数有以下几种：

（一）线性生产函数

线性生产函数模型为：

$$Y = \alpha_0 + \alpha_1 X_1 + \alpha_2 X_2 + \cdots + \alpha_n X_n$$

其中：X_i 是解释变量，比如资本、劳动力等；α_i 是待估参数；Y 是被解释变量，代表产出量。在一定条件下，线性生产函数与对数生产函数可以相互转化。

（二）C-D 生产函数

柯布 – 道格拉斯生产函数（Cobb-Douglas production function），简称 C-D 生产函数，由柯布和道格拉斯在 1928 年提出，其公式表达式为：

$$Y = AK^\alpha L^\beta$$

其中：Y 为产出，L 为劳动力，K 为资本，A、α、β 为决定 C-D 生产函数特性的三个变量。当时的函数有一个假设前提是 $\alpha + \beta = 1$，随后的改进取消了 $\alpha + \beta = 1$ 这个前提假设，承认了研究的对象是可以规模报酬递增或是规模报酬递减的，这些均取决于参数估计的结果。

（三）CES 生产函数

固定替代弹性生产函数（constant elasticity of substitution production function），简称 CES 生产函数，其基本形式为：

$$Y = A \left(\delta_1 K^{-\rho} + \delta_2 L^{-\rho} \right)^{-\frac{m}{\rho}}$$

其中：$A > 0$ 是效率系数，代表广义的技术水平的反应指标；δ_1 和 δ_2 是分配系数，ρ 是替代参数，m 描述齐次性，当 $m = 1$ 时为线性齐次，有不变的规模效益，$m > 1$ 时规模递增，$m < 1$ 时规模递减。

（四）VES 生产函数

可变替代弹性生产函数（variable elasticity of substitution production function），简称 VES 生产函数，1971 年由瑞里万克（Revanker）建立，其替代弹性为：

$$\sigma = a + b\frac{K}{L}$$

并假定技术进步为希克斯（Hick）中性，即生产函数表达形式为：

$$Z = A\exp\left[\int \frac{\mathrm{d}k}{k + c\left(\frac{k}{\sigma}\right)^{\frac{1}{a}}}\right]$$

其中：$Z = \dfrac{Y}{K}$，$k = \dfrac{K}{L}$。

在 $b = 0$ 时可退化成 CES 生产函数形式；当 $b = 0$ 时，$a = 1$，这时可退化成 C-D 生产函数形式。

（五）对数生产函数

对数生产函数的一般表达形式为：

$$\ln Y = \beta_0 + \beta_K \ln K + \beta_L \ln L + \beta_{KK}(\ln K)^2 + \beta_{LL}(\ln L)^2 + \beta_{KL}\ln K \ln L$$

对数生产函数可以直接使用方程线性模型的估计方法估计，也可以被认为是任何生产函数的接近，当参数值发生变化时可以表现为 C-D 生产函数和 CES 生产函数。

农业生产函数有线性的有非线性的。相对而言，线性生产函数较难反映出产出与不同要素之间的关系，非线性函数能够更为有效地反映出农业产出与投入要素、技术水平之间的函数关系。其实，线性生产函数与对数生产函数两者之间可以相互转化，而对数生产函数在参数值发生变化时亦可以表现为 C-D 生产函数和 CES 生产函数。VES 生产函数是 CES 生产函数的演化形式，在取特定值时，也可变形为 C-D 生产函数和 CES 生产函数。从应用角度来说，VES 具有良好的数学性质，它可以用来分析要素的替代和经济结构以及替代和技术进步等方面的问题；而相较于其他的生产函数，C-D 生产函数是唯一能使均方估计误差达到最小的生产函数，并且 C-D 函数可以把生产要素推广为多个，其中的 b 也可以是时间的变量，从简单的二元齐次形式 $Y = AK^a L^{1-a}$ 到二元非齐次线性形式 $Y = AK^a L^b$，再到多元非齐次生产函数 $Y = AX_1^{B(X_1)} X_2^{B(X_2)} X_3^{B(X_3)}$，约束条件不断放宽。本书希望研究相关生产要素是否影响农业产出水平，各个自变量的变动会带来因变量怎样的相应变动。自变量之间有着怎么样的替代效率以及自变量之间如何分配的问题，不是本项研究的重点，同时，过多的自变量会使数据非常庞大，加之本书分别对四种类型农户进行研究并进行比较分析，如果使用 VES 生产函数可能会过于复杂，不如 C-D 生产函数简单明了。因此采用 C-D 生产函数构建模型，开展实证研究。

二、变量选择

从农业生产要素投入的视角看，首先，农业生产费用表示农户在农业生产中的资金投入水平，是影响农业总产值重要指标，在具体研究过程中进一步可以将农业经营费用分解为农业可变投入与固定投入为自变量。其次，劳动力也是农业生产的必须要素，因此将农业就业劳动力作为解释变量。再次，农业的生产离不开土地，将耕地面积选择为解释变量之一。最后，技术变量亦是农业生产的关键要素，是重要的解释变量。本研究选取农业可变投入、农业固定资产投入、农业就业劳动力、耕地面积、技术作为因变量，构建生产函数，探讨这些要素投入与农业总产值的关系，进而考察、比较分析农户生产行为。

三、构建方程

根据研究的需要，建立 C-D 生产函数：
$$Y = AX_1^a X_2^b X_3^c X_4^d$$
其中：Y 表示农户家庭农产品总产值，单位为万元；A 表示技术；X_1 表示农户家庭耕地面积，单位为亩；X_2 表示农业可变资产投入，包括种子、种苗、饲料、薄膜等，单位为万元；X_3 表示农业固定资产投入，比如机械器具等，单位为万元；X_4 表示农业就业劳动力数量，单位为个。

对上述生产函数进行变形，在函数两端取对数，则新的函数等式为：
$$\ln Y = \ln A + a\ln X_1 + b\ln X_2 + c\ln X_3 + d\ln X_4$$
建立计量方程：
$$Z = a_1 x_1 + a_2 x_2 + a_3 x_3 + a_4 x_4 + u$$

四、实证分析

将样本农户根据收入结构划分为农业户、农业兼业户、非农兼业户和非农业户，对他们进行微观层面的数据整理分析，为了便于模型分析，消除多重共线性和自相关性对模型估计的影响，将数据对数化处理，利用 SPSS 进行分析。

（一）农业户

分别取农业户的农业总产值、耕地面积、可变资产投入、固定资产投入以及农业就业劳动力构建回归方程，对数据进行描述性统计、相关性等分析，最后由系数表 6.1 可以发现除了农业固定投入项的显著性系数小于 0.05 以外，其余均大于 0.05，因此，需对变量逐步回归分析。

表 6.1   **回归系数**

项目	非标准化系数		T 值	Sig.
	系数值	标准误差		
（常量）	0.045	0.099	0.452	0.652
农业就业劳动力	0.052	0.040	1.304	0.195
耕地面积	0.009	0.007	1.331	0.186
农业可变投入	0.316	0.342	8.826	0.896
农业固定投入	0.165	0.354	0.467	0.042

注：因变量——农业总产值。

首先去除农业可变投入项，对其余项进行回归分析，描述性统计如表 6.2 所示。

表6.2   描述性统计量

项目	均值	标准偏差	N
农业总产值	0.6012	0.57709	129
农业就业劳动力	2.4729	1.03891	129
耕地面积	7.7829	5.71998	129
农业固定投入	0.0419	0.11249	129

在描述性统计量表中，可以看到对数化处理之后的样本均值和样本标准离差，基本上符合回归分析的要求。

由表6.3相关性检验可知，自变量之间的显著性都小于0.05，说明各个自变量之间相关性不显著，即：不存在自变量之间的自相关性。

其中由于数据属于截面数据，它的离散性程度比较高，R为0.416已经能够较好地反映因变量与自变量之间的相关关系，同时DW接近于2，说明残差与自变量互为独立。F分布的显著性概率Sig.为0.000，小于0.05，说明效果显著。

表6.3   相关性

	变量	农业总产值	农业就业劳动力	耕地面积	农业固定投入
Pearson 相关性	农业总产值	1.000	0.337	0.274	0.260
	农业就业劳动力	0.337	1.000	0.318	0.298
	耕地面积	0.274	0.318	1.000	0.084
	农业固定投入	0.260	0.298	0.084	1.000
Sig. （单侧）	农业总产值	0	0.000	0.001	0.001
	农业就业劳动力	0	0	0	0
	耕地面积	0.001	0.000	0.000	0.013
	农业固定投入	0.001	0.0000	0.013	0

续表

	变量	农业总产值	农业就业劳动力	耕地面积	农业固定投入
N	农业总产值	129	129	129	129
	农业就业劳动力	129	129	129	129
	耕地面积	129	129	129	129
	农业固定投入	129	129	129	129

如图 6.1 所示，从残差频数直方图和散点图中可以看出，随机变量残差散点分布基本成直线型，同时服从均值为 0 的正态分布，说明数据较好地拟合了回归分析方程。

各自变量显著性概率均小于 0.05，由系数表 6.4 可以得出回归方程为：

$$Z = 0.019X_1 + 0.907X_3 + 0.125X_4 + 0.107$$

由此函数拟合形式为：$Y = 0.107X_1^{0.019}X_3^{0.907}X_4^{0.125}$

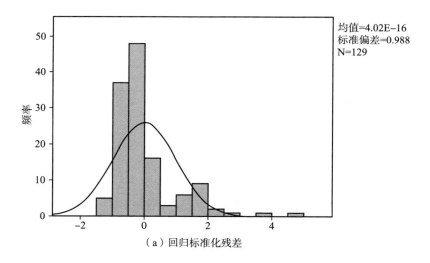

（a）回归标准化残差

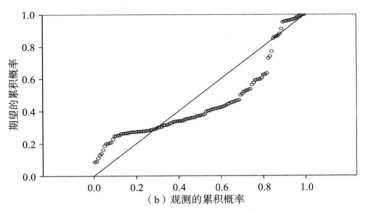

图 6.1 残差频数直方图和散点图

表 6.4 回归系数

项目	非标准化系数		T 值	Sig.
	系数值	标准误差		
（常量）	0.107	0.126	0.853	0.047
农业就业劳动力	0.125	0.050	2.503	0.014
耕地面积	0.019	0.009	2.194	0.030
农业固定投入	0.907	0.437	2.075	0.040

注：因变量——农业总产值。

（二）农业兼业户

与上述农业户的分析相同，农业就业劳动力显著性概率为 0.311，大于 0.05，排除农业就业劳动力这个自变量，其余各变量逐步回归。

如表 6.5 所示，F 分布的显著性概率 Sig. 小于 0.05，各自变量之间无相关性，R^2 为 0.278，残差与自变量互为独立，效果显著。随机变量残差散点分布成直线型，同时服从均值为 0 的正态分布，说明数据较好地拟合了回归分析方程。

表6.5 方差分析

项目	平方和	自由度	均方	F值	Sig.
回归	10.302	3	3.434	69.139	0.000a
残差	26.772	539	0.050		
总计	37.074	542			

注：因变量——农业总产值。预测变量——常量、农业可变投入、农业固定投入、耕地面积。

各自变量显著性概率均小于 0.05，由表 6.6 回归系数表可以得出回归方程为：

$$Z = 0.010X_1 + 0.956X_2 + 0.210X_3 + 0.179$$

函数拟合形式为：$Y = 0.179X_1^{0.010} X_2^{0.956} X_3^{0.210}$

表6.6 回归系数

项目	非标准化系数		T值	Sig.
	系数值	标准误差		
（常量）	0.179	0.019	9.198	0.000
耕地面积	0.010	0.003	3.736	0.000
农业固定投入	0.210	0.089	2.361	0.019
农业可变投入	0.956	0.143	12.264	0.000

注：因变量——农业总产值。

（三）非农业兼业户

对各自变量逐步回归，最终符合条件的仅是耕地面积与农业可变投入这两个自变量。F 分布的显著性概率 Sig. 小于 0.05，各自变量之间无相关性，R^2 为 0.306，残差与自变量互为独立，效果显著。随机变量残差散点分布成直线型，同时服从均值为 0 的正态分布，数据较好地拟合了回归分析方程。

由表 6.7 回归系数表可知，各自变量的显著性概率均小于 0.05，回归方程为：

$$Z = 0.013X_1 + 0.972X_2 + 0.110$$

因此，函数拟合形式为：$Y = 0.110X_1^{0.013} X_2^{0.972}$

表 6.7　　　　　　　　　　　回归系数

项目	非标准化系数		T 值	Sig.
	系数值	标准误差		
（常量）	0.110	0.012	8.850	0.000
耕地面积	0.013	0.003	4.437	0.000
农业可变投入	0.972	0.130	8.453	0.000

注：因变量——农业总产值。

（四）非农业户

由于非农业户仅为 7 户，无法构建回归方程进行分析，在此简单描述一下该组的情况：

从耕地拥有情况来看，仅有 4 户有耕地；投入农业就业劳动力的有 5 户，其中 1 户受雇为农业经营户工作；从农业生产费用支出方面来看，仅有 2 户有用于农业可变方面的投入，而对于农业固定方面的投入为 0；在农业生产经营中，取得农业收入最少的是 170 元，最多的为 1010 元，平均值为 527 元。调研表明，非农业户并不以农业生产活动为主，家庭收入也并不主要依赖于农业生产收入。

第三节　结论与讨论

一、研究结论

项目选取技术、耕地面积、农业可变投入、农业固定投入以及农业就业劳动力这几个因素作为解释变量，探讨这些变量与不同类型农户农业总产值之间的关系。根据逐步回归剔除变量构建回归方程，可以看到不同类型农户生产行为之间存在差异。

（一）农业户

第一，样本农业户的农业总产值与技术、耕地面积、固定投入和农业就业劳动力这几个因素有关，它们的系数估计值分别为 0.107、0.019、0.907、0.125，分别代表了农业户的农业总产值与这四个要素之间的弹性，这些影响因素的变动均能够使农业总产值同方向变动。

第二，由生产函数可以看出，样本农业户的固定投入系数为 0.907，远远高于其他要素系数，说明固定投入对农业总产值的增加起到很重要的作用，固定投入的变动会引起农业总产值较大比例的变动。

第三，其中农业就业劳动力的系数 0.125，产出弹性相对较小，原因在于农业户以农业收入为主，其农业就业劳动时间的投入较多，在有限的耕地面积中，随着劳动时间投入的增加，其效率可能是下降的。

第四，从规模报酬来看，各变量的回归系数之和大于 1，也就是说当所有的要素都增加一定规模的时候，农业总收入的增长幅度大于要素增长的幅度，即农业户的生产行为存在规模报酬递增的情况，在现有的资源条件下，随着规模的扩大，样本农业户的生产会随着规模的扩大得到分工和专业化以及农业生产率的增长。

（二）农业兼业户

第一，样本农业兼业户的农业总产值与技术、耕地面积、农业可变投入、农业固定投入有关，其系数估计值分别为 0.179、0.010、0.956、0.210，分别代表了样本农业兼业户的农业总收入这几个要素之间的弹性，这些影响因素的变动均能够使农业总产值同方向变动。

第二，由生产函数可以看出，在样本农业兼业户的生产行为中，其固定投入系数为 0.210，远远小于农业户的 0.907，即虽然在农业兼业户的生产中固定投入与其他要素相比还是占据重要的影响地位，但是却远远没有在农业户的生产中那么重要。另外，在样本农业兼业户的生产中，农业可变投入系数很高，说明可变投入对农业总产值的增加很重要，可变投入的变动会引起农业总产值发生较大比例的变动。农业就业劳动力不再是影响样本农业兼业户农业总产值的一个因素。

第三，从规模报酬来看，农业兼业户同农业户一样，其生产行为存在规模报酬递增的情况，在现有的资源条件下，随着规模的扩大，样本农业兼业户的生产会随着规模的扩大得到分工和专业化以及农业生产率的增长。

（三）非农业兼业户

第一，样本非农业兼业户的农业总产值与技术、耕地面积、农业可变投入相关，它们的系数估计值分别为 0.110、0.013、0.972，分别代表了样本非农业兼业户的农业总收入这几个要素之间的弹性，这些影响要素的变动均能够使农业总产值同方向变动。

第二，由生产函数可以看出，农业可变投入仍然是影响农业总产值的一个很重要的因素，农业可变投入的变动会引起农业总产值较大的变动。而农业固定投入与农业就业劳动力不是样本非农业兼业户农业总产值的影响因素。

第三，从规模报酬来看，非农业兼业户不同于以上两种类型农户，其生产行为稍微存在规模报酬递减的情况。

二、政策含义

第一，技术因素对于不同类型农户生产行为都构成影响，在技术水平提高的条件下，农户农业总产值可以相应增加，表明农业技术研发与推广工作的重要性。在技术供给方面，一方面是要向农户提供适宜的有针对性的先进技术，另一方面是将这些信息有效传递给农户，选择适宜的推广模式推进先进技术的应用。实际工作中，技术部门要加强农民培训的力度，充分调动农户生产积极性。

第二，实证分析的结论指出，耕地面积增加能够使不同类型农户的农业总产值的相应增加。现实中，农户在兼业或流转过程中，部分农户耕地搁置不用，而有的农户却没有多余的耕地可以生产，这就造成了耕地的浪费。可以通过建立社区服务中心，设立土地流转服务窗口，规范土地流转程序，通过转让、互换、转包、出租、股份合作等方式，加快土地承包经营权流转，推进农业标准化生产、规模化经营。

第三，农业户与农业兼业户的农业生产都具有规模报酬递增的情况，说明农户生产经营规模的扩大可以使这些农户效益增长，产出水平提升。因此，在土地流转的基础上，应尽可能把土地集中到农业专业化程度较高的农户手中，使生产效率与农业产出水平得到改善。

| 第七章 |

结论与政策建议

第一节　研 究 结 论

乌蒙山区涵盖了 38 个县市，农业生产条件相对比较恶劣，在如期完成新时代脱贫攻坚目标任务之后，仍然面临着较大的返贫风险。2021 年 8 月公布的国家乡村振兴重点帮扶县名单中，包括乌蒙山区 22 个县市，表明这一地区乡村振兴与巩固拓展脱贫攻坚任务的艰巨性。

乡村振兴战略提出了"产业兴旺、生态宜居、乡风文明、治理有效、生活富裕"的总要求。为了推进乡村振兴工作，党和政府在土地制度、户籍制度、乡村治理制度、基本经营制度、集体经济制度、土地承包经营制度以及产业发展政策、生态保护政策、文化建设政策和具体的支持体系等方面作出了顶层设计，通过乡村产业、人才、文化、生态、组织等方面的振兴，促进城乡融合发展，探索新时代中国特色的乡村发展路径。乡村振兴战略要求充分调动农村内部的积极性，充分激励农村微观经营主体的积极性，在充分保护农户利益的基础上，培育农村新型经营主体，创新农户与现代农业及乡村产业发展有机衔接路径和办法。这要求我们重视对于农村微观经营主体的研究工作。

在类似乌蒙山区这样返贫风险地区较大的地区，做好巩固拓展脱贫攻坚成果同乡村振兴有效衔接是一项富有挑战性的工作。改革开放以来我国农村反贫困政策与模式不断演化，在这个过程中，扶贫目标瞄准机制也不断进行调整。精准扶贫阶段，我国政府精确地瞄准贫困农户家庭，根据具体原因因户施策，极大地提高了扶贫资源的利用效率以及扶贫政策的针对性、有效性。扶贫目标瞄准机制调整的过程可以为当前的乡村振兴工作提供富有价值的经验与启示。在乡村振兴工作中，在抓好制度建设与政策设计的过程中，有必要关注农户、家庭农场、合作社微观经营主体的行为特征与发展需求。在乡村振兴工作中，仍然有一些地区面领着较大的返贫风险。对于这样一些地区来说，有必要总结扶贫工作的经验，借鉴扶贫目标瞄准机制调整过程中取得的成绩，研究农户微观经济行为，并且在乡村振兴工作中，根据农户的资源禀赋与发展需求，设计具有针对性的政策措施，帮助农户形成可持续的发展能力。

改革开放以来，在制度渐进化变革的过程中，中国农户家庭的异质性特征不同程度地增加。受到经济理性的支配，农户家庭中的部分成员逐步转移到城市与工业部门，使得原来同一化的农户群体发生了分化。同那些成功实现社会转型的国家不一样，中国农户的分化过程显现出的是渐进、多元的特征，带有明显的不彻底性和"弹性"。一般情形下，从农业部门中转移出来的农民依然保留着土地经营权，他们的户籍依然保留在农村社区，形成了一个特殊的农民工群体。在非农就业的同时，农村土地为转移出来的农民提供了一种实质性的保障功能，成为他们防范风险的重要资源。由于非农就业农户大多仍然保持着自己的农民身份和土地经营权，因此形成了极为普遍的兼业现象。广泛的非农兼业行为导致农户收入结构发生变化，分化成为农业户、农业兼业户、非农兼业户、非农户等不同类型。这些不同类型农户在家庭成员之间形成分工的同时，农户生产、生活模式发现了变化，经营目标和要素配置模式也出现了差异性。调研情况表明，在乌蒙山区这样的地区，兼业化经营非常普遍，作为具有多样目标函数的行为主体，农户的发展需求一方面是多维度的，另一方面不同类型农户的发展需求也存在差异。

在这样的背景下，本研究基于农户数据，分析了乌蒙山区农户分化的基本情况，考察农民分化对农户家庭经营的影响。本研究考察了这一地区农业户、农业兼业户、非农兼业户、非农户等不同类型农户的要素禀赋、储蓄行为、投资行为、生产行为、收入结构等方面的特征。

针对农户储蓄行为的研究和比较分析表明：社会保障水平对兼业农户储蓄的影响较大，随着农户社会保障水平提高，关于未来的不确定性预期减少，可能刺激农业兼业户和非农兼业户进行消费，减少他们的储蓄水平；农户总收入增加的情形下，农业户和农业兼业户的储蓄余额会相应增加，说明促进农民增收可以在提高农户消费水平的同时增加他们的储蓄，为未来投资能力的提升奠定基础；当发生更多金融行为的情况下，也就是说，当农户金融资产额和贷款额增加的时候，兼业农户减少了他们的储蓄额，表明兼业农户有可能通过金融行为配置当期和未来货币资本，克服不确定性预期，增加消费，进而减少储蓄水平。

对农户投资行为的比较研究表明：期初农业收入是影响农业投资的稳定因素，对农业户、农业兼业户、非农兼业户都有显著的影响，期初农业收入的多少对农业投资有着正相关的关系；期初非农业收入也会对农业户、农业兼业户、非农兼业户的农业投资起正向促进作用，表明出于防范风险以及维持现有生产经营模式的考量，即使是兼业农户也会在非农收入增长的情形下增加农业投入；农业劳动力的人数会对农业户的农业投资产生影响，而在人口规模增加的情况下，兼业农户将更多地寻找非农机会，而不是增加农业投资；土地经营规模提高的情况下，农户投资水平是相应提升的。

针对农户生产行为的比较研究表明，技术因素对于不同类型农户生产行为都构成影响，技术水平提高的条件下，农户农业总产值可以相应增加，说明农业技术研发与推广工作的重要性；耕地面积增加能够使不同类型农户的农业总产值相应增加，表明在这一地区，有必要加快土地承包经营权流转，适度推进农业规模经营；农业户与农业兼业户的农业生产都具有规模报酬递增的情况，说明农户生产经营规模的扩大可以使这些农户效益增长，产出水平提升。

第二节 政策建议

乡村振兴过程中，乌蒙山区之所以面临返贫风险较大的问题，一个基本的原因在于这一地区资源禀赋条件较差，单一的政策和手段难以有效地解决这一地区乡村发展过程中面临的挑战，需要设计一个系统的政策体系来促进这一地区的整体发展。

乌蒙山区位于省际结合部，涉及云南、四川、贵州等行政区域。这一地区自然环境恶劣，基础设施条件相对薄弱，一定程度上制约了区域的社会经济发展水平。要改善这一状况，需要云南、四川、贵州三省共同规划，加大投入力度，在改善乌蒙山区基础设施条件的同时，形成网络，统筹发展。应该看到，这一地区具有丰富的动植物资源，天麻、苹果、竹荪、半夏等农特产品品质优良。为了充分开发乌蒙山区特色农产品资源，可通过培育家庭农场、农业大户、农业公司及专业合作组织和协会，发展农特产品的种植。同时建立农产品深加工体系和产业链条，因地制宜，构建适宜区域特点的"政府＋公司＋农户""公司＋基地＋农户""公司＋农户""合作经济组织＋公司＋农户"等农业产业化模式，发展订单农业，并引进绿色及有机食品第三方认证机构，加强品牌建设与推广，不断扩大市场占有率。考虑到乌蒙山区不仅具有丰富的自然资源，同时这一地区还有丰富的民族、历史及人文景观，乌蒙山区地方政府可以对区内自然生态旅游资源和社会人文景观进行科学规划，通过招商引资，利用市场化机制建设一批具有旅游价值的生态自然景观和社会人文项目，打造区域旅游文化平台，塑造特色旅游文化形象和品牌。通过服务业的发展，充分利用区域自然与人文资源，在给农民创造非农就业机会的同时，增加区域经济总量，提高区域社会经济发展水平。

针对乌蒙山区人力资本存量偏低的状况，必须高度重视人力资本存量在贫困地区扶贫开发中的重要作用，彻底改变资本存量增加优于人力资源存量增加的观念，通过教育、培训提高乌蒙山农村劳动者素质，将提高人力资本存量作为乡村振兴工作的重要内容。具体而言，应该认真贯彻落实国家的教育政策，提高义务教育水平和学业教育质量，加强农业职业技能培训。职业技术教育的课程设置应结合乌蒙山区产业结构布局特点和产业结构升级的需要，通过传授针对性、实用性的知识体系，传授相应的市场经济知识、农业生产技能和现代技术知识，促进乌蒙山区产业结构升级和农村经济发展。

乌蒙山区农业发展必须加强技术研发与推广。一方面，加强科学研究和新技术的普及工作，向农民大力宣传新的科学技术、新的方法、新的思路。同时，应该有分析地选择利用传统技术，并且应通过进一步的技术进步来克服现代技术所带来的弊病。在实践中，要传统与现代相结合，有机与无机相结合。通过技术进步来实现农业的可持续发展。

针对农户兼业普遍以及不同类型农户的经营目标与生产行为特征，在实证研究基础上，我们认为应该根据不同类型农户，制定具有差异性的政策措施，结合农户发展的内在驱动力，帮助不同类型农户形成可持续的发展能力。对于那些返贫风险较大的农户，应该强调巩固扶贫攻坚的成果，做好乡村振兴与扶贫长效机制构建的有效衔接，帮助他们夯实发展能力。对于那些有意愿扩大规模、发展专业化优势的农业户群体，应提供生产条件帮助他们提升规模经济与专业化生产的优势。针对非农就业意愿较为强烈的农户，应该在帮助他们提升就业技能、促进收入提升的同时，通过推进这一地区城乡融合发展，逐步帮助他们稳妥地转移到城市和非农部门。

具体而言，首先，乌蒙山区整体的社会经济发展水平相对较低，虽然成功地完成了脱贫攻坚的战略任务，消除了这一地区的绝对贫困，但是，这一地区依然面临着相对贫困与返贫风险较大的难题。对于一些刚刚走出绝对贫困状态的农户家庭来说，他们尚未形成可持续的自我发展能力，一旦遇有任何生产损失或生活变故，很容易重新陷入贫困状态。对这部分人群来说，应该借鉴和延续精准扶贫工作过程中形成的机制加以重点关注，通过就业培训和就业服务来提高他们的人力资源水平，帮助他们更有效率地开展农业生产活动，更为积极地嵌入到这一地区农业产业链的开发与拓展过程。同时，通过人力资源水平的提升，帮助他们进入劳动力市场，提升非农就业的能力和收入水平。对于返贫风险较大的农户，还要通过建立和完善农村社会保障体系来夯实他们的发展基础，防止因病返贫、因灾返贫现象的发生。

对于有意愿扩大规模、发展专业化优势的农业户群体，应提供生产条件帮助他们提升规模经济与专业化生产的优势。从调研资料反映的实际情况来看，乌蒙山区农户兼业行为已经非常普遍，随着兼业行为的进一步发展，逐渐出现了土地承租、土地流转的现象。在家庭联产承包责任制的基础上，根据依法、自愿、有偿的原则，进一步探索和健全土地承包经营权流转制度，帮助有意愿、有能力的农户扩大经营规模，培育有文化、懂技术、会经营的新型农民，增加农业经营收入。在这个过程中，因地制宜积极发展农民专业合作组织，政府应努力探索和扶持农业产业化经营，培育龙头企业，探索集体经济的有效实现形式，以刺激农村经济发展，加强集体经济实力，帮助乌蒙山区农民实现收入增长。

针对非农就业意愿较为强烈的农户，应该帮助他们提升就业技能，促进收入提升。随着劳动力市场的发展和农户就业观念的转变，农村剩余劳动力转移数量不断增加，外出打工收入已经占到农民人均收入的较大比例。但由于乌蒙山区社会经济发展的整体水平相对较低，周边地区的城市化水平不高，企业实力相对较弱，缺乏充分吸纳剩余劳动力转移的外部环境和外在条件。再加上土地制度、户籍制度等方面的制约，导致农村剩余劳动力转移相对来说较为困难。而劳动力自身知识水平偏低、接受培训较少、市场意识薄弱等也制约着农村剩余劳动力的转移。因此应进一步拓展农村剩余劳动力转移领域，扩大剩余劳动力转移半径。首先，为了进一步健全和发展剩余劳动力的转移机制，应加强对剩余劳动力转移的规范性指导。地方各级政府根据实际情况，加快信息化建设，合理引导农村剩余劳动力转移的方向。促进中小企业的发展，拓展农村剩余劳动力的就业空间。其次，加强对劳动力转移相关的教育培训力度，大力发展职业技术教育等多层次、多内容的技术培训，提高劳动力自身素质，增加劳务转移技能以及择业技能，增强市场意识和风险意识。最后，推动建设城乡劳动力一体化市场，促进就业、保障、户籍、教育、住房、小城镇建设等多方面的改革，以推动农村劳动力流动，促进农村人口收入的持续增长。

参考文献

中文部分

［1］本刊综合．全面消除绝对贫困：人类反贫困史上的伟大实践［J］．当代兵团，2021（12）：62 -63．

［2］边英涛．实施良种补贴政策对农户生产行为的影响分析［D］．郑州：河南农业大学，2010．

［3］蔡栋梁，王聪，邱黎源．信贷约束对农户消费结构优化的影响研究——基于中国家庭金融调查数据的实证分析［J］．农业技术经济，2020（3）：84 -96．

［4］蔡海龙，关佳晨．不同经营规模农户借贷需求分析［J］．农业技术经济，2018（4）：90 -97．

［5］曹和平．中国农户储蓄行为［M］．北京：北京大学出版社，2002．

［6］曹金波，杨成胜．关于柴码村农民分化的研究［J］．长沙铁道学院学报（社会科学版），2003（4）：17 -20．

［7］陈春生．中国农户的演化逻辑与分类［J］．农业经济问题，2007（11）：79 -84，112．

［8］陈和午．农户模型的发展与应用：文献

综述 [J]. 农业技术经济, 2004 (3): 2 – 10.

[9] 陈铭恩, 温思美. 我国农户农业投资行为的再研究 [J]. 农业技术经济, 2004 (2): 24 – 27.

[10] 陈少强, 朱晓龙. 扶贫要在精准上下功夫 [J]. 中国发展观察, 2015 (8): 27 – 28.

[11] 陈薇娜. 沿海地区农户分化与城镇化互动发展研究 [D]. 青岛: 中国海洋大学, 2012.

[12] 陈晓声, 吴晓忠, 张志超. 普惠金融视角下农户借贷行为分析与福利效果测算 [J]. 中国流通经济, 2016, 30 (3): 94 – 101.

[13] 陈勇勤. 研究中国小农经济与使用生产函数分析方法 [J]. 西北师范大学学报, 2008 (1): 111 – 116.

[14] 陈宗胜, 黄云. 中国相对贫困治理及其对策研究 [J]. 当代经济科学, 2021 (5): 1 – 19.

[15] 程杰贤, 郑少锋. 政府规制对农户生产行为的影响——基于区域品牌农产品质量安全视角 [J]. 西北农林科技大学学报 (社会科学版), 2018, 18 (2): 115 – 122.

[16] 崔菲菲, 卢卓. 城乡 "二元" 结构下劳动力暂时性转移与家庭储蓄行为 [J]. 统计与信息论坛, 2020, 35 (11): 103 – 111.

[17] 戴金东. 金融环境对农户储蓄影响的实证研究 [D]. 成都: 西南财经大学, 2012.

[18] 戴维·波普诺. 社会学 [M]. 北京: 中国人民大学出版社, 2011.

[19] 邓维杰. 精准扶贫的难点、对策与路径选择 [J]. 农村经济, 2014 (6): 78 – 81.

[20] 邓正华. 环境友好型农业技术扩散中农户行为研究 [D]. 武汉: 华中农业大学, 2013.

[21] 丁慧媛. 农户分化背景下现代农业微观组织发育机制研究 [D]. 青岛: 中国海洋大学, 2009.

[22] 丁士军, 杨晶, 张科静, 周晶. 征地与农户收入结构变化: 对九江和襄阳农户数据的分析 [J]. 华中农业大学学报 (社会科学版), 2015

（5）：1 – 8.

　[23] 董树彬，赵艳芳，赵娜．河北省农民分化状况与对策 [J]．石家庄经济学院学报，2008（1）：40 – 44.

　[24] 董召荣，姜长云．农户内在因素对农户类型选择和分化的影响 [J]．安徽农业大学学报（社科版），1996（1）：37 – 40.

　[25] 董志勇，韩旭，黄迈．家庭结构、生产活动与农户储蓄行为 [J]．经济科学，2011（6）：103 – 116.

　[26] 杜婷婷．基于农产品质量安全的农户生产行为研究 [D]．南昌：江西农业大学，2013.

　[27] 段伟，任艳梅，冯冀，温亚利．基于生计资本的农户自然资源依赖研究——以湖北省保护区为例 [J]．农业经济问题，2015，36（8）：74 – 82，112.

　[28] 樊怀玉，郭志仪，李具恒，等．贫困论——贫困与反贫困的理论与实践 [M]．北京：民族出版社，2002.

　[29] 方承．农民投资行为不合理的主要表现、原因及对策 [J]．改革与战略，1988（1）：76 – 79.

　[30] 高强．脱贫攻坚与乡村振兴的统筹衔接：形势任务与战略转型 [J]．中国人民大学学报，2020，34（6）.

　[31] 高强．脱贫攻坚与乡村振兴有效衔接的再探讨——基于政策转移接续的视角 [J]．南京农业大学学报（社会科学版），2020，20（4）：49 – 57.

　[32] 格尔哈特·伦斯基．社会分层的理论 [M]．杭州：浙江人民出版社，2008.

　[33] 葛志军，邢成举．精准扶贫：内涵实践困境及其原因阐释——基于宁夏银川两个村庄的调查 [J]．贵州社会科学，2015（5）：157 – 163.

　[34] 顾克腾．农户收入差距及其影响因素分析 [D]．兰州：西北师范大学，2014.

　[35] 顾丽华，谢保鹏，裴婷婷，陈英．农户分化对农户农地经营行为的影响——基于河北省辛集市调查的实证分析 [J]．生产力研究，2020（11）：30 – 34，45，161.

［36］顾仲阳. 精准扶贫，不撒胡椒面［N］. 人民日报，2014 – 03 – 12（5）.

［37］关于落实发展新理念加快农业现代化实现全面小康目标的若干意见［M］. 北京：人民出版社，2016.

［38］国家统计局住户调查办公室. 中国农村贫困监测报告（2016）［M］. 北京：中国统计出版社，2016.

［39］国务院第二次全国农业普查领导小组办公室，中华人民共和国国家统计局. 第二次全国农业普查方案［M］. 北京：中国统计出版社，2006.

［40］郝东阳. 中国城镇居民消费行为的经验研究［D］. 长春：吉林大学，2011.

［41］郝日虹. 精准扶贫需要社会评估介入［N］. 中国社会科学报，2015 – 12 – 21.

［42］贺雪峰. "农民"的分化与土地利益分配问题［J］. 法学论坛，2010，25（6）：104 – 110.

［43］胡迪，杨向阳，王舒娟. 大豆目标价格补贴政策对农户生产行为的影响［J］. 农业技术经济，2019（3）：16 – 24.

［44］胡联，汪三贵，王娜. 贫困村互助资金存在精英俘获吗［J］. 经济学家，2015（9）：78 – 85.

［45］胡联，汪三贵. 我国建档立卡面临精英俘获的挑战吗？［J］. 管理世界，2017（1）：89 – 98.

［46］胡士华. 基于生命周期模型的农户储蓄变动机制研究［J］. 数理统计与管理，2012，31（3）：556 – 563.

［47］华正学. 新中国 60 年反贫困战略的演进及创新选择［J］. 农业经济，2010（7）：3 – 5.

［48］黄安胜. 国内外农户投资行为研究综述［J］. 经济研究导刊，2008（14）：99 – 100，149.

［49］黄承伟，覃志敏. 论精准扶贫与国家扶贫治理体系建构［J］. 中国延安干部学院学报，2015（1）：131 – 136.

［50］黄承伟，覃志敏. 我国农村贫困治理体系演进与精准扶贫［J］. 开发研究，2015（13）：56 – 59.

［51］黄承伟，向家宇．科学发展观视野下的连片特困地区扶贫攻坚战略研究［J］．社会主义研究，2013（1）：32－37．

［52］黄海棠，蔡创能，滕剑仑．乡村振兴背景下的返贫风险评估及防范长效机制研究［J］．洛阳理工学院学报（社会科学版），2019，34（3）：38－44．

［53］黄娟，胡向红，俞筱押．基于生产函数理论的农户西红柿生产行为分析［J］．安徽农业科学，2011，39（34）：21394－21395．

［54］黄荣蓉．农户分化对农户参与土地流转合作社影响研究［D］．沈阳：沈阳农业大学，2016．

［55］黄斯涵．浙江省农户储蓄行为实证研究［D］．杭州：浙江大学，2008．

［56］黄炎忠，罗小锋，张俊飚．农户生产行为调整及影响因素分析——基于547个食用菌种植户的调查［J］．中国农业资源与区划，2020，41（12）：51－56．

［57］黄宗智．华北的小农经济与社会变迁［M］．北京：中华书局，1986．

［58］黄宗智．长江三角洲小农家庭与乡村发展［M］．北京：中华书局，2000．

［59］黄宗智．中国小农经济的过去和现在——舒尔茨理论的对错［J］．中国乡村研究，2008（6）：267－287．

［60］黄祖辉，金铃，陈志钢，喻冰心．经济转型时期农户的预防性储蓄强度：来自浙江省的证据［J］．管理世界，2011（5）：81－92．

［61］姜慧慧．河南小麦农户安全生产意愿与行为的影响因素研究［D］．无锡：江南大学，2011．

［62］蒋和胜，李小瑜，田永．阻断返贫的长效机制研究［J］．吉林大学社会科学学报，2020，60（6）：24－34，231－232．

［63］蒋和胜，田永，李小瑜．"绝对贫困终结"后防止返贫的长效机制［J］．社会科学战线，2020（9）：185－193，282．

［64］蒋燕兵．云南省农户生产行为气候变化适应性研究［D］．昆明：

云南财经大学，2013.

[65] 焦俊党，乔家君，李小建. 区域发展环境对农户投资行为的影响探究——巩义市 100 家农户的实例分析 [J]. 人文地理，2007（3）：28－33.

[66] 今泽夏树. 农业经营学讲义 [M]. 东京：株式会社养贤堂，1996.

[67] 孔祥智，孙陶生. 不同类型农户投资行为的比较分析 [J]. 经济经纬，1998（3）：75－79.

[68] 孔祥智. 农业经济学 [M]. 北京：中国人民大学出版社，2014.

[69] 匡远配. 新时期特殊类型贫困地区扶贫开发问题研究 [J]. 贵州社会科学，2011（3）：75－80.

[70] 李秉龙，薛兴利. 农业经济学 [M]. 2版. 北京：中国农业大学出版社，2009.

[71] 李浩宇. 农户生产行为中的食品安全问题及媒介监督策略研究 [D]. 成都：成都理工大学，2013.

[72] 李纪恒. 贫困地区发展论 [M]. 北京：中共中央党校出版社，1997.

[73] 李建平，梅晓光. "双循环" 新发展格局下乡村振兴面临的挑战与对策分析 [J]. 理论探讨，2021（3）：133－138.

[74] 李军. 家庭储蓄与通货膨胀数理关系及实证分析 [J]. 数量经济技术经济研究，2016，33（4）：95－107.

[75] 李俊杰，等. 集中连片特困地区反贫困研究：以乌蒙山区为例 [M]. 北京：科学出版社，2013.

[76] 李鹍，叶兴建. 农村精准扶贫：理论基础与实践情势探析——兼论复合型扶贫治理体系的建构 [J]. 福建行政学院学报，2015（2）：26－33.

[77] 李鹍. 论精准扶贫的理论意涵、实践经验与路径优化——基于对广东省和湖北恩施的调查比较 [J]. 山西农业大学学报（社会科学版），2015，14（8）：810－816.

[78] 李敏. 以乡村振兴助推精准扶贫　形成防治返贫长效机制 [J]. 现代经济信息，2019（14）：7.

[79] 李明桥. 农业政策、农户行为与农村区域经济的发展 [D]. 成都：

西南财经大学，2012.

[80] 李仁方. 农户投资行为研究 [J]. 绵阳经济技术高等专科学校学报，1997 (4)：66 – 72.

[81] 李荣耀，叶兴庆. 农户分化、土地流转与承包权退出 [J]. 改革，2019 (2)：17 – 26.

[82] 李锐，项海容. 基于两期生命周期模型的农户金融行为的计量分析 [J]. 管理世界，2006 (9)：33 – 37.

[83] 李宪宝，高强. 行为逻辑、分化结果与发展前景——对 1978 年以来我国农户分化行为的考察 [J]. 农业经济问题，2013，34 (2)：56 – 65，111.

[84] 李翔林. 通货膨胀对我国农村低收入贫困群体影响的研究——基于脆弱性的视角 [D]. 成都：西南财经大学，2014.

[85] 李小云. 我国农村扶贫战略实施的治理问题 [J]. 贵州社会科学，2013 (7)：101 – 106.

[86] 李玉刚. 利益、原因与困境——农村精准扶贫实践 [C]. 第十一届中国农村发展论坛论文集，2015.

[87] 李昱姣. 马克思恩格斯"小农经济"理论的原始内涵——兼论小农经济和家庭生产组织形式的异同 [J]. 郑州大学学报（哲学社会科学版），2011，44 (2)：47 – 51.

[88] 李智永. 乡村振兴与长效扶贫机制衔接的路径探析 [J]. 领导科学，2019 (22)：110 – 113.

[89] 李祖佩，曹晋. 精英俘获与基层治理：基于我国中部某村的实证考察 [J]. 探索，2012 (5)：187 – 192.

[90] 梁流涛，翟彬，樊鹏飞. 基于 MA 框架的农户生产行为环境影响机制研究——以河南省传统农区为例 [J]. 南京农业大学学报（社会科学版），2016，16 (5)：145 – 153，158.

[91] 梁苗苗. 基于预防性储蓄理论下的人口年龄结构与居民储蓄 [D]. 成都：西南财经大学，2013.

[92] 林光华. 农户收入风险与预防性储蓄——基于江苏农户调查数据

的分析 [J]. 中国农村经济, 2013 (1): 55 - 66.

[93] 林毅夫. 90 年代中国农村改革的主要问题与展望 [J]. 管理世界, 1994 (3): 139 - 144.

[94] 刘承芳, 张林秀, 樊胜根. 农户农业生产性投资影响因素研究——对江苏省六个县市的实证分析 [J]. 中国农村观察, 2002 (4): 34 - 42, 80.

[95] 刘洪仁, 杨学成. 转型期农民分化问题的实证研究 [J]. 中国农村观察, 2005 (4): 74 - 80.

[96] 刘洪仁. 我国农民分化问题研究 [D]. 济南: 山东农业大学, 2006.

[97] 刘辉武. 精准扶贫实施中的问题、经验与策略选择——基于贵州省铜仁市的调查 [J]. 农村经济, 2016 (5): 112 - 117.

[98] 刘解龙, 陈湘海. 精准扶贫的几个基本问题分析 [J]. 长沙理工大学学报 (社会科学版), 2015 (6): 98 - 105.

[99] 刘解龙. 经济新常态中的精准扶贫理论与机制创新 [J]. 湖南社会科学, 2015 (4): 156 - 159.

[100] 刘金. 基于农户分化角度的农地产权抵押贷款需求分析 [D]. 咸阳: 西北农林科技大学, 2018.

[101] 刘敏. 农户兼业类型分化特征与影响因素研究 [D]. 杭州: 浙江大学, 2010.

[102] 刘明轩, 姜长云. 农户分化背景下不同农户金融服务需求研究 [J]. 南京农业大学学报 (社会科学版), 2015, 15 (5): 71 - 78, 139.

[103] 刘某承, 白云霄, 杨伦, 焦雯珺. 生态补偿标准对农户生产行为的影响——以云南省红河县哈尼稻作梯田为例 [J]. 中国生态农业学报 (中英文), 2020, 28 (9): 1339 - 1349.

[104] 刘庆顺, 祝岩松. 中国农民分化中的经济能人群体 [J]. 河北理工学院学报 (社会科学版), 2001 (4): 51 - 54.

[105] 刘双, 祁春节, 赵玉. 农户消费行为差异分析——基于湖北两地区农户的调查 [J]. 农业技术经济, 2015 (2): 23 - 32.

[106] 刘同山, 牛立腾. 农户分化、土地退出意愿与农民的选择偏好

[J]. 中国人口·资源与环境，2014，24（6）：114 – 120.

[107] 刘雯. 收入差距、社会资本与农户消费 [J]. 中国农村经济，2018（6）：84 – 100.

[108] 刘孝国，韩星焕，窦茂海. 基于 SPSS 的县域农户农业机械化投资行为分析 [J]. 中国农机化学报，2014，35（1）：22 – 25.

[109] 刘新元. 西南山地农户参与循环农业行为研究 [D]. 重庆：西南大学，2018.

[110] 刘真真. 基于原料乳质量安全的黑龙江省奶农生产行为研究 [D]. 哈尔滨：东北农业大学，2012.

[111] 娄博杰. 基于农产品质量安全的农户生产行为研究 [D]. 北京：中国农业科学院，2015.

[112] 罗芬. 新型农村社会养老保险对农户储蓄的影响研究 [D]. 昆明：云南大学，2019.

[113] 马鸿运. 农业生产经济学 [J]. 农业技术经济，1990（4）：53.

[114] 马克思恩格斯选集：1 卷 [M]. 北京：人民出版社，2012.

[115] 马克斯·韦伯. 经济与社会 [M]. 北京：商务印书馆，2010.

[116] 马晓河. 建立土地流转制度，促进区域农业生产规模化经营 [J]. 管理世界，2002（11）：63 – 77.

[117] 闵师，王晓兵，白军飞，黄季焜. 预期价格变动对农户生产行为调整的非对称影响——基于西双版纳胶农调查分析 [J]. 农业现代化研究，2017，38（3）：475 – 483.

[118] 莫光辉. 精准反腐：脱贫攻坚战的政治生态保障——精准扶贫绩效提升机制系列研究之九 [J]. 行政论坛，2017，24（1）：40 – 46.

[119] 莫鸣，包翠文，刘利萍. 农产品质量安全法规对农户生产行为的影响 [J]. 江苏农业科学，2015，43（9）：475 – 477.

[120] 母赛花. 云南省贫困地区农村人力资源开发的思考 [J]. 经济师，2010（10）：230 – 231.

[121] 聂建亮，钟涨宝. 农户分化程度对农地流转行为及规模的影响 [J]. 资源科学，2014，36（4）：749 – 757.

[122] 牛荣. 陕西省农户借贷行为研究 [D]. 咸阳：西北农林科技大学，2013.

[123] 潘文轩. 中国消除绝对贫困的经验及对 2020 年后解决相对贫困的启示 [J]. 兰州学刊，2020（8）：175 - 185.

[124] 彭春凝. 当前我国农村精准扶贫的路径选择研究 [J]. 农村经济，2016（5）：91 - 95.

[125] 彭玮. 当前易地扶贫搬迁工作存在的问题及对策建议——基于湖北省的调研分析 [J]. 农村经济，2017（3）：26 - 30.

[126] 彭小辉. 农业政策变化与农户行为研究 [D]. 上海：上海交通大学，2014.

[127] 七户长生. 日本农业的经营问题 [M]. 北京：中国农业出版社，1994.

[128] 祁毓，卢洪友. "环境贫困陷阱"发生机理与中国环境拐点 [J]. 中国人口·资源与环境，2015，25（10）：71 - 78.

[129] 恰亚诺夫. 农民经济组织 [M]. 北京：中央译文出版社，1996.

[130] 秦宏，高强，李嘉晓. 通过制度变迁推动我国农户分化与农村非农化、城镇化进程 [J]. 生产力研究，2005（3）：47 - 49.

[131] 秦雯. 农民分化、农地流转与劳动力转移行为 [J]. 学术研究，2012（7）：85 - 88.

[132] 屈艳芳，郭敏. 农户投资行为实证研究 [J]. 上海经济研究，2002（4）：17 - 27.

[133] 曲玮. 基于地理环境约束的农村贫困问题研究 [D]. 兰州：兰州大学，2008.

[134] 冉光和，田庆刚. 家庭资产对农户借贷行为影响的实证研究——基于重庆市 1046 户农户的调查数据 [J]. 农村经济，2015（12）：62 - 67.

[135] 尚燕，颜廷武，江鑫，等. 公共信任对农户生产行为绿色化转变的影响——以秸秆资源化利用为例 [J]. 中国农业大学学报，2020，25（4）：181 - 191.

[136] 申潞玲，刘执鲁，任红燕，李晋陵. 试论农户的经营与决策 [J].

经济师, 1994 (12): 119.

[137] 申潞玲, 刘执鲁, 任红燕. 农户生产线性规划技术系数的动态测定与应用 [J]. 农业系统科学与综合研究, 1996 (1): 55－57.

[138] 沈茂英. 四川藏区精准扶贫面临的多维约束与化解策略 [J]. 农村经济, 2015 (6): 62－66.

[139] 沈维芳, 张文婷. 中国共产党百年来消除农村绝对贫困的历程及经验 [J]. 现代商贸工业, 2021, 42 (17): 1－2.

[140] 舒尔茨. 改造传统农业 [M]. 北京: 商务印书馆, 2010.

[141] 思代慧. 农户分化、社会资本对借贷行为影响的实证研究 [D]. 咸阳: 西北农林科技大学, 2017.

[142] 宋辉, 钟涨宝. 基于农户行为的农地流转实证研究——以湖北省襄阳市 312 户农户为例 [J]. 资源科学, 2013, 35 (5): 943－949.

[143] 苏群, 汪霏菲, 陈杰. 农户分化与土地流转行为 [J]. 资源科学, 2016, 38 (3): 377－386.

[144] 速水佑次郎, 神门善久. 农业经济论 [M]. 北京: 中国农业出版社, 2003.

[145] 速韬. 乌蒙山片区政府间协作问题调查研究 [J]. 时代金融, 2012, 32: 143－146.

[146] 孙建文. 精准扶贫背景下山西省农户收入结构变动分析 [J]. 山西农业大学学报 (社会科学版), 2020, 19 (5): 31－37.

[147] 孙敬水, 马淑琴. 计量经济学 [M]. 北京: 清华大学出版社, 2014.

[148] 唐丽霞, 罗江月, 李小云. 精准扶贫机制实施的政策和实践困境 [J]. 贵州社会科学, 2015 (5): 151－156.

[149] 陶红梅. 佤族农户生产行为分析——以云南西盟县佤族为例 [J]. 云南电大学报, 2010, 12 (2): 78－81.

[150] 陶善信, 李丽. 农产品质量安全标准对农户生产行为的规制效果分析——基于市场均衡的视角 [J]. 农村经济, 2016 (2): 8－13.

[151] 田惠敏, 张一浩. 乡村振兴背景下的返贫防范机制研究 [J]. 农

村金融研究，2020（2）：11-17.

[152] 童馨乐，杜婷，徐菲菲，李扬．需求视角下农户借贷行为分析——以六省农户调查数据为例［J］．农业经济问题，2015，36（9）：89-96，112.

[153] V.帕累托．普通社会学纲要［M］．上海：三联书店，2007.

[154] 汪力斌，周源熙．参与式扶贫干预下的瞄准与偏离［J］．农村经济，2010（7）：3-7.

[155] 汪三贵，郭子豪．论中国的精准扶贫［J］．贵州社会科学．2015（5）：147-150.

[156] 汪三贵，张雁，杨龙，等．连片特困地区扶贫项目到户问题研究——基于乌蒙山片区三省六县的调研［J］．中州学刊，2015（3）：68-72.

[157] 王安春．1949年以来中国农地产权制度变迁及创新选择［D］．福州：福建师范大学，2008.

[158] 王贝．农户借贷特征及影响因素实证研究［D］．济南：山东大学，2014.

[159] 王宾，于法稳．基于绿色发展理念的山区精准扶贫路径选择——来自重庆市的调查［J］．农村经济，2017（10）：74-79.

[160] 王国勇，邢溦．我国精准扶贫工作机制问题探析［J］．农村经济，2015（9）：46-50.

[161] 王汉杰，温涛，韩佳丽．深度贫困地区农户借贷能有效提升脱贫质量吗？［J］．中国农村经济，2020（8）：54-68.

[162] 王洪丽，杨印生．农产品质量与小农户生产行为——基于吉林省293户稻农的实证分析［J］．社会科学战线，2016（6）：64-69.

[163] 王立剑，代秀亮．2020年后我国农村贫困治理：新形势、新挑战、新战略、新模式［J］．社会政策研究，2018（4）：3-14.

[164] 王丽娟，刘彦随，翟荣新．苏中地区农村就业结构转换态势与机制分析［J］．中国人口·资源与环境，2007（6）：135-138.

[165] 王丽双，王春平，武桂梅，孙占祥，马巍．农户分化对农村土地流转的影响研究——基于铁岭农村的实证调查［J］．农业经济，2014（9）：76-78.

［166］王全峰．农民的分化与农业劳动力转移［J］．信阳农业高等专科学校学报，2005（1）：17－21.

［167］王亚华，舒全峰．中国精准扶贫的政策过程与实践经验［J］．清华大学学报（哲学社会科学版），2021，36（1）：141－155，205.

［168］王艳，李放．改善我国农村反贫困中政府行为的思路与对策［J］．内蒙古农业大学学报（社会科学版），2009（1）：42－44.

［169］王雨林．转型期中国农村贫困问题研究［D］．杭州：浙江大学，2007.

［170］王兆林，杨庆媛，张佰林，藏波．户籍制度改革中农户土地退出意愿及其影响因素分析［J］．中国农村经济，2011（11）：49－61.

［171］魏后凯，邬晓霞．中国的反贫困政策：评价与展望［J］．上海行政学院学报，2009（3）：56－68.

［172］魏文迪，戴迎华．新农村建设时期农民分化的实证研究——以湖北省仙桃市为个案［J］．沈阳大学学报，2009，21（2）：14－18.

［173］温涛，王小华，杨丹，朱炯．新形势下农户参与合作经济组织的行为特征、利益机制及决策效果［J］．管理世界，2015（7）：82－97.

［174］温涛，朱炯，王小华．中国农贷的"精英俘获"机制：贫困县与非贫困县的分层比较［J］．经济研究，2016（2）：111－125.

［175］文长存，崔琦，吴敬学．农户分化、农地流转与规模化经营［J］．农村经济，2017（2）：32－37.

［176］吴娜琳，李小建，乔家君．欠发达农区农户农业生产风险决策的行为分析——以金融危机影响下柘城县三樱椒种植户为例［J］．河南社会科学，2012，20（12）：59－62，108.

［177］吴英．评斯科特的"小农道德经济"说［J］．天津师大学报（社会科学版），1996（2）：13－19.

［178］吴昭雄，王红玲，胡动刚，汪伟平．农户农业机械化投资行为研究——以湖北省为例［J］．农业技术经济，2013（6）：55－62.

［179］西爱琴．农户农业生产经营决策行为研究［D］．北京：中国农业科学院，2014.

［180］夏天．基于农户生产行为的黑龙江省农村面源污染问题研究［D］．哈尔滨：东北农业大学，2014.

［181］夏征农．辞海［M］．上海：上海辞书出版社，2010.

［182］肖斌卿，张龙耀，孙天一．农户心理与储蓄决策行为——基于江苏省821户农户调查数据的实证分析［J］．农业技术经济，2016（1）：60－70.

［183］肖海峰，何秀荣，李鹏．中国城乡居民对粮食安全的态度、风险承受能力及其影响因素分析［J］．中国农村经济，2004（1）：15－23.

［184］谢静霞．基于组织视角的农户安全蔬菜生产行为激励约束机制研究［D］．南京：南京农业大学，2009.

［185］谢勇，沈坤荣．非农就业与农村居民储蓄率的实证研究［J］．经济科学，2011（4）：76－87.

［186］谢勇．中国农村居民储蓄率的影响因素分析［J］．中国农村经济，2011（1）：77－87.

［187］辛翔飞，秦富．影响农户投资行为因素的实证分析［J］．农业经济问题，2005（10）：36－39，81.

［188］邢成举，李小云．精英俘获与财政扶贫项目目标偏离的研究［J］．中国行政管理，2013（9）：109－113.

［189］邢斐．乡村振兴背景下兰州市皋兰县脱贫长效机制研究［D］．兰州：兰州大学，2020.

［190］修孟源．兼业化程度对农户水稻种植技术选择的影响分析［D］．重庆：西南大学，2012.

［191］徐天祥．张玲．社会主义新农村建设应加强农村微观经济基础研究［J］．农业与技术，2009（2）：98－100.

［192］徐文燕．河北省农业保险对农户生产行为的影响研究［D］．成都：西南财经大学，2014.

［193］徐月宾，刘凤芹，张秀兰．中国农村反贫困政策的反思——从社会救助向社会保护转变［J］．中国社会科学，2007（3）：40－53.

［194］许恒周，郭玉燕，石淑芹．农民分化对农户农地流转意愿的影响分析——基于结构方程模型的估计［J］．中国土地科学，2012，26（8）：

74 – 79.

[195] 许恒周, 郭忠兴. 农村土地流转影响因素的理论与实证研究——基于农民阶层分化与产权偏好的视角 [J]. 中国人口・资源与环境, 2011, 21 (3): 94 – 98.

[196] 薛彩霞, 姚顺波. 地理标志使用对农户生产行为影响分析: 来自黄果柑种植农户的调查 [J]. 中国农村经济, 2016 (7): 23 – 35.

[197] 闫啸, 牛荣. 农户借贷对收入增长的影响: 1771 个农户样本 [J]. 改革, 2017 (10): 105 – 113.

[198] 严晗. 南昌县农户水稻生产行为研究 [D]. 南昌: 江西农业大学, 2012.

[199] 杨凡. 西南资源贫乏地区农户脆弱性对其稻作生产行为的影响研究 [D]. 武汉: 华中农业大学, 2011.

[200] 杨华. 论中国特色社会主义小农经济 [J]. 农业经济问题, 2016, 37 (7): 60 – 73.

[201] 杨盛标. 对 C – D 函数、CES 函数和 VES 函数适用性的考察 [J]. 统计与决策, 2009 (5): 153 – 155.

[202] 杨唯一, 鞠晓峰. 基于博弈模型的农户技术采纳行为分析 [J]. 中国软科学, 2014 (11): 42 – 49.

[203] 姚万禄. 现当代中国农民分化型态分析 [J]. 甘肃理论学刊, 2003 (4): 43 – 45.

[204] 叶兴庆, 殷浩栋. 从消除绝对贫困到缓解相对贫困: 中国减贫历程与 2020 年后的减贫战略 [J]. 改革, 2019 (12): 5 – 15.

[205] 易行健, 张波, 杨汝岱, 杨碧云. 家庭社会网络与农户储蓄行为: 基于中国农村的实证研究 [J]. 管理世界, 2012 (5): 43 – 51, 187.

[206] 银平均. 社会排斥视角下的中国农村贫困 [D]. 天津: 南开大学, 2006.

[207] 游新彩, 田晋. 民族地区综合扶贫绩效评价方法及实证研究 [J]. 科学・经济・社会, 2009 (3): 7 – 13.

[208] 于金. 日本农民分化过程的特征及其启示 [J]. 哈尔滨工业大学

学报（社会科学版），2003（3）：68－71.

[209] 余桂南. 农户耕地生产行为及影响因素研究——以内江市中区为例 [D]. 雅安：四川农业大学，2008.

[210] 翟敏涵. 乡村振兴下抑制农村返贫的有效对策 [J]. 农村经济与科技，2021，32（1）：102－103.

[211] 詹姆斯·C. 斯科特. 农民的道义经济学：东南亚的反判与生存 [M]. 程立显，等译. 上海：译林出版社，2001.

[212] 张朝华. 家庭生命周期、保障策略与农户消费行为 [J]. 农业技术经济，2017（11）：38－48.

[213] 张车伟，王德文. 农民收入问题性质的根本转变——分地区对农民收入结构和增长变化的考察 [J]. 中国农村观察，2004（1）：2－13，80.

[214] 张琛，彭超，孔祥智. 农户分化的演化逻辑、历史演变与未来展望 [J]. 改革，2019（2）：5－16.

[215] 张晨晖，罗剑朝. 创造投资环境积极引导农户增加农业投入 [J]. 农业经济，1998（12）：37－38.

[216] 张广财，何东伟，顾海英. 农户分化何以影响农户土地承包权退出决策？[J]. 经济与管理研究，2020，41（2）：66－81.

[217] 张红. 转型时期"城中村"农民分化研究——以陕西六个村为典型案例分析 [J]. 生态经济，2005（10）：264－267.

[218] 张建杰. 农户收入结构变动成因及合理性 [M]. 北京：中国农业出版社，2005.

[219] 张洁慧. 乡村振兴战略下防止返贫长效机制的建立与可持续发展研究——以江苏省宿迁市为例 [J]. 科技视界，2020（9）：197－199.

[220] 张林秀，霍艾米，罗斯高，黄季焜. 经济波动中农户劳动力供给行为研究 [J]. 农业经济问题，2000（5）：7－15.

[221] 张玲，徐天祥. 行为经济学评述 [J]. 云南财经大学学报，2007（5）：30－34.

[222] 张五常. 佃农理论 [M]. 北京：商务印书馆，2010.

[223] 张榆琴，李学坤. 乌蒙山连片特困地区反贫困对策分析 [J]. 中

国集体经济，2012（4）：47，62.

［224］张忠明，钱文荣.不同土地规模下的农户生产行为分析［J］.四川大学学报（哲学社会科学版），2008（1）：87－93.

［225］赵建英.耕地生态保护激励政策对农户行为的影响研究［D］.北京：中国地质大学（北京），2019.

［226］赵璐.粮食安全背景下的农户生产行为研究［D］.四川：四川省社会科学研究院研究生学院，2009.

［227］赵学军.无锡农户收入结构的变迁（1929—2010）——基于"无锡保定农村调查系列资料"的分析［J］.中国经济史研究，2017（6）：127－140.

［228］赵玉姝.农户分化背景下农业技术推广机制优化研究［D］.青岛：中国海洋大学，2014.

［229］郑秉文."后2020"时期建立稳定脱贫长效机制的思考［J］.宏观经济管理，2019（9）：17－25.

［230］郑杭生，汪雁.农户经济理论再议［J］.学海，2005（3）：66－75.

［231］郑瑞强，曹国庆.基于大数据思维的精准扶贫机制研究［J］.贵州社会科学，2015（8）：163－168.

［232］郑瑞强，王英.精准扶贫政策初探［J］.财政研究，2016（2）：17－24.

［233］周静，曾福生，张明霞.农业补贴类型、农业生产及农户行为的理论分析［J］.农业技术经济，2019（5）：75－84.

［234］周静.重庆市农业生产函数实证研究［J］.安徽农业科学，2008（18）：7503－7504.

［235］周俊杰.水稻种植农户安全生产行为研究——以安仁县为例［D］.长沙：湖南农业大学，2013.

［236］周孟亮，李俊."适应性"农村金融改革与民间资本突围［J］.郑州大学学报（哲学社会科学版），2014（1）：87－92.

［237］周孟亮，彭雅婷.我国连片特困地区金融扶贫体系构建研究［J］.

当代经济管理，2015，37（4）：85-90.

[238] 周批改. 改革以来农民分化研究的回顾与商榷 [J]. 前沿，2002（11）：153-156.

[239] 周婷婷，关土苏. 农户风险规避中的生产决策行为分析 [J]. 武汉电力职业技术学院学报，2008（3）26-29，36.

[240] 周晓艳，汪德华，李钧鹏. 新型农村合作医疗对中国农村居民储蓄行为影响的实证分析 [J]. 经济科学，2011（2）：63-76.

[241] 朱汉清. 不同收入水平农户的收入结构比较研究——基于1995-2012年浙江省统计数据 [J]. 发展研究，2014（12）：86-91.

[242] 朱艳. 基于农产品质量安全与产业化组织的农户生产行为研究 [D]. 浙江：浙江大学图书馆，2004.

[243] 诸培新，颜杰，苏敏. 农户兼业阶段性分化探析 [J]. 中国人口·资源与环境，2016，26（2）：102-110.

[244] 庄天慧，陈光燕，蓝红星. 精准扶贫主体行为逻辑与作用机制研究 [J]. 广西民族研究，2015（5）：138-146.

[245] 庄天慧. 两免一补政策实施对民族地区贫困农户反贫困的影响评价 [J]. 改革与开放，2010（10）：33-35.

[246] 左婷，杨雨鑫，钟玲. 精准扶贫：技术靶向、理论解析和现实挑战 [J]. 贵州社会科学，2015（8）：156-162.

外文部分

[1] Barrientos A, Hulme D, Shepherd A. Can Social Protection Tackle Chronic Poverty [J]. The European Journal of Development's Research, 2005（3）.

[2] Besley T P, et al. Just Rewards? Local Politics and Public Resource Allocation in South India [J]. World Bank Economic Review, 2012, 26（2）.

[3] Bhattacharyya S. Capitalist Development, Peasant Differentiation and the State：Survey Findings from West Bengal [J]. The Journal of Peasant Studies, 2001（28）.

［4］ Boke J. Economics and Economic Policy of Dual Societies as Exemplified by Indonesia ［M］. New York: Institute of Pacific Relations, 1953.

［5］ Boserup E. The Conditions of Agricultural Growth ［M］. London: Allen & Unwin, 1965.

［6］ Bruce B. The Impacts of Business Cycles on Returns to Farmland Investments ［J］. Narnia, 1995, 77 (3).

［7］ Chayanov A. The Theory of Peasant Economy ［M］. Beijing: Central Compilation & Translation Press, 1996.

［8］ Dale W. Did We Lose the War on Poverty ［J］. Journal of Economic Perspectives, 1998, 12 (1).

［9］ Dartanto T. Income Shocks and Consumption Smoothing Strategies: An Empirical Investigation of Maize Farmer's Behavior in Kebumen, Central Java, Indonesia ［J］. Modern Economy, 2010, 1 (3).

［10］ David L, Wang H, Nicole J, Wdidmar O, Wu L. Chinese Producer Behavior: Aquaculture Farmers in Southern China ［J］. China Economic Review, 2014, 28.

［11］ Dboehlje M, White T. A Production-Investment Decision Model of Farm Firm Growth ［J］. American Journal of Agricultural Economics, 1969, 51 (3).

［12］ De Janvry A, Sadoulet E, Zhu N. The Role of Non-Farm Incomes in Reduction Rural Poverty and Inequality in China ［J］. Journal of Economics, 1999 (20).

［13］ Deaton A. Saving and Liquidity Constraints ［J］. Econometrica, 1991, 59 (5).

［14］ Dewen W, Fan C. Migration and Poverty Alleviation in China ［J］. Asian and Pacific Migration Journal, 2000 (8).

［15］ Dutta D. Elite Capture and Corruption: Concepts and Definition ［R］. National Council of Applied Economic Reseacher, 2009.

［16］ Fan S, Kang C, Mukherjee A. Rural and Urban Dynamics and Poverty: Evidence from China and India ［R］. International Food Policy Research Institute，2005.

［17］Fan S，Zhang L，Zhang X. How Does Public Spending Affect Growth and Poverty the Experience of China ［R］. Tokyo，Japan：2nd Annual Global Development Network Conference，2000.

［18］Feder G，Tongrro J，Onchan T. Land Ownership Security and Farm Investment in Thailand ［J］. American Journal of Agricultural Economics，1987，69 （2）.

［19］Feola G，Claudia R. Towards an Improved Understanding of Farmers' Behaviour：The Integrative Agent-centred （IAC） Framework ［J］. Ecological Economics，2010，69 （12）.

［20］Gill S. Agrarian Structure in Relation to Farm Investment Decisions and Agricultural Productivity in a Low-Income Country：The Indian Case：Comment ［J］. American Journal of Agricultural Economics，1968，50 （4）.

［21］Giourga C，Loumou A. Assessing the Impact of Pluriactivity on Sustainable Agriculture：A Case Study in Rural Areas of Beotia in Greece ［J］. Environmental Management，2006，37 （6）.

［22］Huang J，Zhang Q，Rozlle S. Determinants of Rural Poverty Reduction and Pro-poor Economic Growth in China ［J］. Journal of Comparative Economic，2000 （5）.

［23］Hussain Z，Hanisch M. Dynamics of Peri-urban Agricultural Development and Farmers' Adaptive Behaviour in the Emerging Megacity of Hyderabad，India ［J］. Journal of Environmental Planning and Management，2014，57 （4）.

［24］Jalan J，Ravallion M. Is Transient Poverty Different Evidence for Rural China ［J］. Economic Mobility and Poverty in Development Countries，2002 （3）.

［25］Judith I，Stallmann J H. Employment History and Off-Farm Employment of Farm Operators ［J］. Journal of Agricultural and Applied Economics，1995，27 （2）.

［26］Kenneth D. China's "Tidal Wave" of Migrant Labor：What Can We Learn from Mexican Undocumented Migration to the United States？ ［J］. International Migration Review, 1997, 31 (2).

[27] Leibenstein H. Economic Backwardness and Economic Growth [M]. Land Economics, 1958.

[28] Lewis A. Economic Development with Unlimited Supplies of Labour [J]. Manchester Economic and Statistical Bulletin, 1954, 22.

[29] Martio U. The Economics of Tropical Farming Systems [M]. London: Cambridge University Press, 1996.

[30] Mary K, Harvey S. The Ethics of Constrained Choice: How the Industrialization of Agriculture Impacts Farming and Farmer Behavior [J]. Journal of Agricultural and Environmental Ethics, 2005, 18 (3).

[31] Millikan W. Foreign Aid: Next Phase [J]. Foreign Affairs, 1958, 36 (3).

[32] Mukherjee A, Zhang X. Rural Industrialization in China and India: Role of Policies and Institutions [J]. World Development, 2007 (10): 1621 - 1634.

[33] Mukhoti B. Agrarian Structure in Relation to Farm Investment Decisions and Agricultural Productivity in a Low-Income Country. The Indian Case [J]. Journal of Farm Economics, 1966, 48 (5).

[34] Pan L. Who is Vouching for the Input Voucher? Decentralized Targeting and Elite Capture in Tanzania [J]. World Development, 2012: 40 (8).

[35] Panda S. Political Connections and Elite Capture in a Poverty Alleviation Programme in India [J]. The Journal of Development Studies, 2015 (51): 50 - 65.

[36] Park A, Wang S, Wu G. Regional Poverty Targeting in China [J]. Journal of Public Economics, 2002 (10).

[37] Park A, Wang S. Community-Based Development and Poverty Alleviation: An Evaluation of China's Poor Village Investment Program [J]. Journal of Public Economics, 2010, 94 (9).

[38] Picker L. Weather Forecasts, Expected Profitability, and Farmer Be-

havior [J]. Nber Digest, 2013 (1).

[39] Popkin S. The Rational Peasant [M]. California: University of California Press, 1979.

[40] Reardon T, Crawford E, Kelly V. Links between Nonfarm Income and Farm Investment in African Households: Adding the Capital Market Perspective [J]. American Journal of Agricultural Economics, 1994, 76 (5).

[41] Rodgers J L. Differential Human Capital and Structural Evolution in Agriculture [J]. Agricultural Economics, 1994, 11 (1): 1 – 17.

[42] Rozelle S, Taylor E, Debrauw A. Migration, Remittances, and Agricultural Productivity in China [J]. American Economic Review, 1999, 89 (2).

[43] Sadan E. The Investment Behavior of a Farm Firm Operating under Risk [J]. American Journal of Agricultural Economics, 1970, 52 (4).

[44] Schultz T W. Transforming Traditional Agriculture [M]. Chicago: The University of Chicago Press, 1964.

[45] Sgary B. Human Capital [M]. New York: Columbia University Press, 1980.

[46] Sheely R. Mobilization, Participatory Planning Institutions, and Elite Capture: Evidence from a Field Experiment in Rural Kenya [J]. World Development, 2015, 67.

[47] Sutton S. Predicting and Explaining Intentions and Behavior: How Well Are We Doing? [J]. Journal of Applied Social Psychology, 1998, 28 (15).

[48] Tang K, Wong C. Monitoring and Alleviation in East Asia [M]. Nova Science Publishers, 2003.

[49] Todaro M. A Model of Labor Migration and Urban Unemployment in Less Developed Countries [J]. American Economic Review, 1969, 59 (1).

[50] Wa L. Economic Development with Unlimited Supplies of Labour [J]. Manchester School of Economic and Social Studies, 1954, 22 (2): 139 – 191.

[51] Wood C, Ripton A. Research to Examine the Potential Contribution of Part-time Farming to the Protection of the Environment and the Diversification and

Strengthening of the Rural Economy [D]. University of Cambridge, 2000.

[52] Xin M. Economic Restructuring and Income Inequality in Urban China [J]. Review of Income and Wealth, 2004, 50 (3): 357 –379.

[53] Yao Y, Fan S. Evolution of Income and Fiscal Disparity in Rural China [C]. Gold Coast, Australia: the International Association of Agricultural Economists Conference, 2006.